Inhalt

Vorwort

Wer unter dem Stichwort »Rache« die Karteien der Bibliotheken durchforstet, wird mit Sicherheit kaum fündig werden. Auch in diversen Lexika findet sich unter diesem Begriff recht wenig. Rache ist eben ein weithin unbeackertes Feld. Was sich mit diesem »endgültigen Lexikon der Rache« natürlich grundlegend ändern wird.

Umschreibungen des Begriffes Rache gibt es einige, von »Helmut Kohl ist die Rache Adenauers an Deutschland« bis »Rache ist Blutwurst«, aber eine schlüssige Definition fiel Psychologen, Philosophen und anderen Wissenschaftlern bislang schwer, obwohl es an Deutungsversuchen nicht mangelt.

Zur Eröffnung der Buchmesse 1985 prägte unser Bundeskanzler den schönen Satz: »Die Sprache ist verräterisch.« Ganz Schlaue werden sofort die Verbindung zwischen Sprache und Rache erkannt haben, denn das eine Wort steckt im anderen. Und nicht zuletzt in der Politik spielt Rache eine große Rolle.

Rachegefühle kennt nun wirklich jeder, sei es aus Eifersucht, aus Gründen psychischer oder physischer Schädigungen, aus verletztem Stolz oder verletzter Ehre. Rache gibt es, seit Menschen existieren, und Rache wird es immer geben. Unser Umgang ist ebenso vielfältig wie entlarvend. Sage mir, wie du dich rächst, und ich weiß, wer du bist.

Prinzipiell ist die Rache ein Machtkampf, der Versuch der Wiederherstellung des gehabten Status. Die mildeste Form der Rache ist der Denkzettel, eine fast sympathische Art und Weise, mit seinen Mitmenschen umzugehen. Die bösartigste Form ist die der Vergeltung und der Blutrache.

Dazwischen gibt es jede Menge von Nuancen.

Bereits im Sandkasten werden die ersten Rachegedanken geschmiedet, und sie verfolgen uns bis ins Grab. Unsere Eltern sind mit »Frank Allan, der Rächer der Enterbten« aufgewachsen, wir mit »Robin Hood«, dem Rächer von Blackwood Forest und anderen Helden, deren Sinnen und Trachten der Rache gewidmet ist.

Rache ist eines der wichtigsten literarischen Motive von Shakespeare bis Strauß. Hier stimmen Literatur und Leben überein.
SP-RACHE: in einer Welt der Wörter ist der am mächtigsten, der sie am besten einzusetzen vermag. Den Demagogen war und ist das klar. Nachdem Sie dieses Buch gelesen haben, können Sie mitdrehen ... am Roulette der Rache.

RACHE LEXIKALISCH

Nur in wenigen Lexika wird man, wie bereits erwähnt, überhaupt etwas unter dem Stichwort »Rache« finden. Wir wurden schließlich im dtv-Lexikon (Ausgabe von 1973) fündig.

Rache (ahd.), die Vergeltung erlittenen Unrechts auf eigene Faust (-Blutrache); auch die Haßgefühle und Triebe, die darauf hinzielen. Ihre Bedeutung betonen Nietzsche (-Ressentiments) und die neuere Tiefenpsychologie.

Blutrache, die für die Familien- oder Sippenangehörigen bestehende Pflicht, die Tötung oder Ehrenkränkung eines der Ihren am Schuldigen oder an einem seiner Verwandten zu rächen . . .

Außer bei Naturvölkern ist die Blutrache bei alten Kulturvölkern bezeugt . . .

In manchen Gebieten (Korsika, Albanien, Montenegro, Kaukasus) und bei den Zigeunern hielt sie sich bis ins 20. Jahrhundert.

Ressentiment, ( ); gefühlsbedingtes Vorurteil; der ohnmächtige Haß des Niedrigstehenden und Schlechtgeratenen gegen die Vornehmen (»Sklavenmoral«). Nach Nietzsche kann das R. als »Lebensneid« zu einer Verfälschung des natürlichen Wertempfindens, zu einer Art seelischen Selbstvergiftung führen: Überlegene Eigenschaften und Erfolge anderer, die zwar nacherlebt, aber nicht erreicht werden können, werden systematisch entwertet und herabgesetzt. So soll die christliche Liebesmoral aus dem R. entstanden sein. Im politischen Leben spricht man vom Ressentiment der Gruppen, die sich ungerecht behandelt fühlen (z. B. Minderheiten).

Vendetta; Blutrache; ital.: vendetta »Rache, Strafe«, zu *vindicare* »gerichtlich in Anspruch nehmen, als zugehörig fordern«, aus *vim dico* »ich sage (drohe) Gewalt an«, zu *vis* »Gewalt« und *dicere* »sagen«.

Lexikalische Synonyme für »Rache«

1. Vergeltung, Revanche, Abrechnung, Ahndung, Nemesis, Heimzahlung, Ausgleich, Reaktion, Gegenstoß, Gegenschlag, Retourkutsche; wie du mir, so ich dir; Wurst wider Wurst
2. Strafe, Schläge, Prügel, Fußtritte, Bestrafung, Strafaktion, Züchtigung, Denkzettel, Lehre
3. Geißel, Zuchtrute, Rute, Klopfer, Peitsche, Gerte, Stock, Bakel, Fuchtel, Knute, Knüppel, Prügel, Keule, Pritsche, Klopfpeitsche.

Nietzsche zum Thema

DANKBARKEIT UND RACHE

Der Grund, weshalb der Mächtige dankbar ist, ist dieser. Sein Wohltäter hat sich durch seine Wohltat an der Sphäre des Mächtigen gleichsam vergriffen und sich in sie eingedrängt. Nun vergreift er sich zur Vergeltung wieder an der Sphäre des Wohltäters durch den Akt der Dankbarkeit. Es ist eine mildere Form der Rache. Ohne die Genugtuung der Dankbarkeit zu haben, würde der Mächtige sich unmächtig gezeigt haben und fürderhin dafür gelten. Deshalb stellt jede Gesellschaft der Guten, das heißt ursprünglich der Mächtigen, die Dankbarkeit unter die ersten Pflichten. Swift (Jonathan, 1667–1745, Menschenverächter, »Gullivers Reisen«) hat den Satz formuliert, daß Menschen in demselben Verhältnis dankbar sind, wie sie Rache hegen.

SICH RÄCHEN WOLLEN UND SICH RÄCHEN

Einen Rachegedanken haben und ausführen, heißt einen heftigen Fieberanfall bekommen, der aber vorübergeht: Einen Rachegedanken aber haben, ohne Kraft und Mut, ihn auszuführen (andernorts: ihn ausführen zu können), heißt ein chronisches Leiden, eine Vergiftung an Leib und Seele mit sich herumtragen. Die Moral, welche auf die Absichten sieht, taxiert beide Fälle gleich; für gewöhnlich taxiert man den ersten Fall als den schlimmeren (wegen der bösen Folgen, welche die Tat der Rache vielleicht nach sich zieht). Beide Schätzungen sind kurzsichtig.

SCHWELGEREI DER RACHE

Grobe Menschen, welche sich beleidigt fühlen, pflegen den Grad der Beleidigung so hoch als möglich zu nehmen und erzählen die Ursache mit stark übertreibenden Worten, um nur in dem einmal erweckten Haß- und Rachegefühl sich recht ausschwelgen zu können.

Müssen Sie Ihre Feinde einladen? Drei junge wohlerzogene Studenten beleidigen gerne gemäß genauer vorheriger Absprache Ihre Gäste. Wir garantieren volle Diskretion. Zuschr. unter HGX 356 a. d. Exp. ds. Ztg.

„Taunus-Zeitung“.

Sprüche zum Thema

Blinde Rache, schlimme Rache. (Sprichwort)

Die Rache ist keine Zierde für eine große Seele.
(G. E. Lessing)

Die Rache ist mein, ich will vergelten, spricht der Herr.
(5. Mose 32; Röm. 12, 19)

Dürst nicht nach Rache und nach Blut; Vergeben wäre wohl so gut.
(M. Claudius)

Getroffen von der Rache Strahl.
(Schiller, Kraniche des Ibykus)

In diesen heil'gen Hallen kennt man die Rache nicht.
(E. Schikaneder; W. A. Mozart, Zauberflöte)

Nichts entehrt den Menschen so sehr als eine unedle Rache.
(A. a Santa Clara)

Rache folgt der Freveltat.
(Schiller, Siegesfest)

Rache für Sadowa!
(geflügeltes Wort franz. Herkunft nach der Schlacht von Sadowa, Königgrätz, 1866)

Rache ist ein neues Unrecht.
(Sprichwort)

Rache ist süß.
(Sprichwort, im Volksmund auch: ... Blutwurst)

Rache macht kleines Recht zu großem Unrecht.
(Sprichwort)

Rache trägt keine Frucht. Sich selbst ist sie die fürchterliche Nahrung; ihr Genuß ist Mord und ihre Sättigung das Grausen.
(Schiller, Wilhelm Tell)

Schmach sucht Rache.
(Sprichwort)

Sich nicht zu rächen, auch dann nicht, wenn Rache Gerechtigkeit wäre, das ist edel.
(F. G. Klopstock)

Tag der Rache.
(nach Jes. 34,8)

Verzeihung ist die beste Rache.
(Sprichwort)

Rachegott
(Nach Psalm 94, 1)

Die Rachegötter schaffen im Stillen.
(Schiller, Braut von Messina)

Die Welt mag untergehen, wenn ich mich nur rächen kann.
(C. de Bergerac)

Hier steht einer, der mich rächen wird!
(König Friedrich Wilhelm I. von Preußen)

Die Rachegier ist ein Rad, das nimmer stille steht: Je mehr es aber läuft, je mehr es sich vergeht.
(Angelius Silenius, cherubinischer Wandersmann)

Wer sich rächt, gleicht seinem Feinde – läßt man die Gelegenheit vorübergehen, ist man ihm überlegen.
(Bacon)

Lord Bacon hat mit Recht gesagt, die Rache sei eine Art wilder Gerechtigkeit. Sie ist es, und ohne diesen wilden, rauhen Stamm gäbe es keine Gerechtigkeit in der Welt.
(Burke)

Rache ist süßer als das Leben – glauben die Narren.
(Juvenal)

Den Angreifer zu imitieren, ist die vollständigste Rache.
(Marc Aurel)

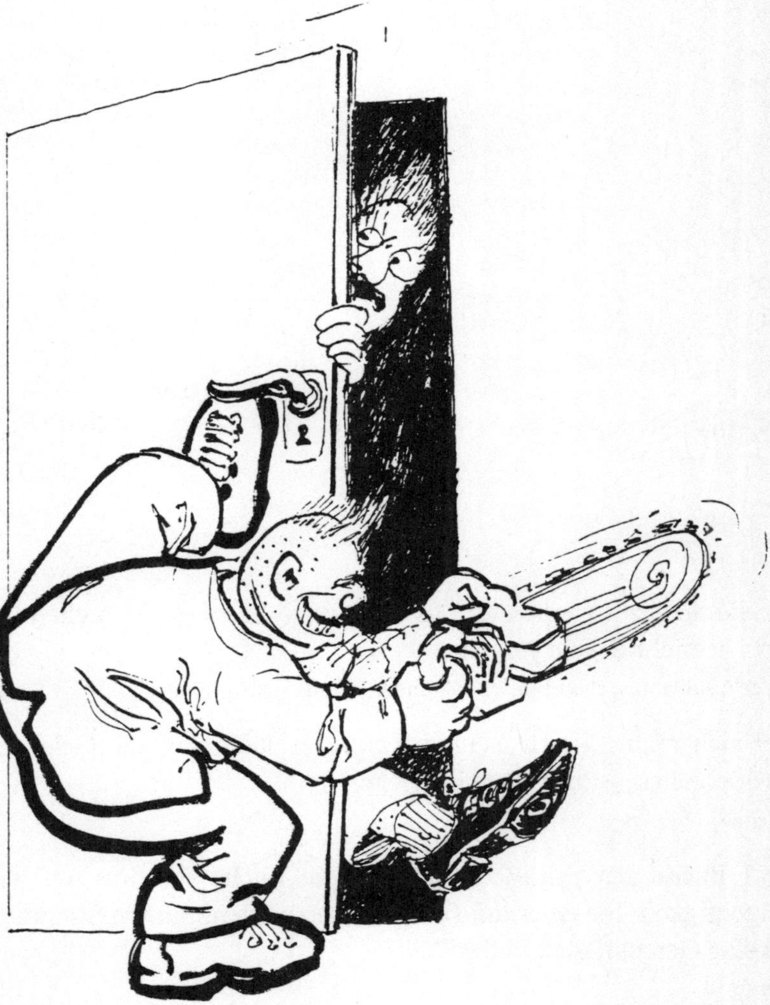

Praktische Rachetips für den Alltag

EINSTIMMUNG

Johann ist ein unauffälliger Mensch ... ein Beamtentyp. Er ist dreißig Jahre alt, trägt ein kleines Bärtchen an der Oberlippe und hat gutmütige Augen. Doch der Blick täuscht. Johann ist ein gefährlicher Mann.

Die drei Apokalyptischen Reiter »Krieg – Tod – Not« schienen ihm nicht genug, und er setzte einen weiteren hinzu: Den Apokalyptischen Reiter der Rache.

Rache ist wie gutes Essen, wie gutes Trinken, hatte er mir gesagt. Die Speise muß lange vorbereitet werden, der Wein lange abgelagert sein. Sei auch in der Rache ein Gourmet!

Als mir Johann die Sieben Gebote der Rache darlegte, war ich sicher, er ist ein Adept des Teufels.

1. Gebot: Lasse dir für deine Rache Zeit. Spontane Wutreaktionen schaden dir meist selbst.
2. Gebot: Beobachte den Menschen, den deine Rache treffen soll, studiere ihn genau. Wo liegt seine Verletzbarkeit?
3. Gebot: Lasse dir nie anmerken, daß du ihn haßt. Sei freundlich und zuvorkommend zu ihm.
4. Gebot: Wenn möglich, freunde dich mit ihm an, trink mit ihm. Der Alkohol ist dein Verbündeter. Er wird dir helfen, seine verwundbaren Stellen zu finden, in die du später dein Racheschwert stoßen kannst.
5. Gebot: Werde nie schwach in deinem Tun. Wiederhole jeden Morgen, am Mittag und am Abend deinen Racheschwur. Er muß ein fester Bestandteil deines täglichen Lebens werden.
6. Gebot: Beginne deine Rache mit kleinen Attacken und steigere sie mit der Zeit.
7. Gebot: Schweige über deine Aktivitäten. Erzähle sie nicht einmal

deinem besten Freund. (Vielleicht ist er der nächste, den deine Rache trifft.)

Johanns' Augen bekamen einen schimmernden Glanz, als er mir eines seiner Racherezepte erklärte.

a) Du mußt den Menschen, den die Rache treffen soll, genau studieren. Sein Leben muß dein Leben werden. Verfolge ihn, finde heraus, was er für Neigungen besitzt, woran sein Herz hängt. An seiner Frau vielleicht?
b) Wenn die Frau des Widersachers z. B. braunes Haar hat, besorge dir blonde oder schwarze Haare. Du findest sie in **Waschbecken, Badewannen,** auf **Sofas** oder **Kleidungsstücken.**
Verfolge deinen Feind. Wenn er ein Restaurant aufsucht, merke dir seinen **Mantel,** den er an die Garderobe hängt. Warte bis er auf die **Toilette** geht und du ihm unbeobachtet die fremden Haare an seinem Mantel anbringen kannst. Gib ihm noch ein Geschenk ... stecke ihm eine Packung **Präservative** in die Tasche. Wenn seine Ehefrau eines von beiden findet, hast du ein Samenkorn des Zweifels in ihre Seele gepflanzt. Wenn du weiter für guten Nährboden sorgst, wird irgendwann der Samen aufgehen und sich zu einem Pflänzchen entwickeln.
c) Schicke ihm (anonym) Informationsmaterial über **AIDS.** Seine Frau wird sich ihm verweigern.
d) Finde heraus, wo er seinen **Wagen** abstellt, ob das Fahrzeug auch die Ehefrau benutzt. An heißen Tagen lassen viele Autofahrer das Fenster ihres Wagens einen Spalt breit offen, wenn sie für kurze Zeit den Wagen verlassen. Du kannst Haare durch den Spalt auf ihre Sitze blasen ... ein Tampon auf den Rücksitz werfen. Auch ein **Lippenstift** empfiehlt sich. Oder du sprühst ein penetrant riechendes **Parfüm** in das Wageninnere. Frauen haben empfindliche Nasen. Sollten die Autofenster verschlossen sein, kannst du das Parfüm auch durch die Luftschlitze der Kühlerhaube sprühen. Bei eingeschaltetem Ventilator verbreitet sich der Geruch ebenfalls im Inneren des Wagens.
Wichtig dabei ist, daß kurz darauf die Ehefrau den Wagen

besteigt. Die Erfahrung hat gezeigt, daß freitags abends die beste Zeit für derlei Attacken ist. Ehepaare pflegen in der Regel am Samstag gemeinsam einkaufen zu fahren.

e) Wenn eine Frau an der Liebe ihres Mannes zu zweifeln beginnt, fängt sie an zu suchen. Keine Tasche ist mehr vor ihr sicher. **Fotografiere** fremde Frauen und schmuggle die **Bilder** in die Tasche des Opfers (siehe unter b).

f) **Fotografiere** ein Baby. **Schicke** das Bild der Ehefrau. Kommentar: dem feigen Papi.

g) Bei bestimmten Kandidaten, wie z. B. Gerichtsvollziehern, kannst du fremde Frauen **anrufen** lassen. Text: Ihr Mann ist ein Scheißkerl. Er macht mir den Vorschlag, die Pfändung unter den Tisch fallen zu lassen, wenn ich mit ihm schlafe. (Funktioniert auch bei Polizisten, Richtern und Staatsanwälten.)

h) Besorge dir eine größere Spritze. Fülle diese mit deinem **Sperma.** Durchbohre mit der Nadel die Gummidichtung des Fensters, kurz bevor die Frau den **Wagen** benutzt, und spritze dein Sperma auf die Sitzpolster. Jede Frau erkennt Sportlerflecken.

i) Wenn der Mensch, den du vernichten willst, in einem Mietshaus wohnt, mache ihn auch dort unmöglich. Hat er eine Zeitung **abonniert?** Wenn ja, befindet sich auf der Titelseite das Klebeetikett mit seiner Anschrift. Nimm die Zeitung aus dem Briefkasten, schneide das Etikett aus und klebe es auf eine gewagte Pornozeitschrift. Stecke die **Porno**zeitschrift so in den Briefkasten zurück, daß die Nachbarn Etikett und Zeitschrift gut erkennen können. Wisse: Nachbarn reden gern.

Ich unterbrach Johann, schüttelte zweifelnd den Kopf.

Johann lächelte: »Du glaubst nicht, daß es funktioniert? Bei mir hat es funktioniert. Damit habe ich den Gerichtsvollzieher Anton B. in den Wahnsinn getrieben. Sicher, ich habe ein halbes Jahr dazu gebraucht, aber dann war es soweit. Seine Frau ließ sich von ihm scheiden. Anton B. mußte sie auszahlen, ihr monatlich einen hohen Betrag überweisen. Es dauerte ein weiteres halbes Jahr, dann stand er vor dem finanziellen Ruin. Nun kamen auch zu ihm die Gerichtsvollzieher.

Er konnte die Scheidung nie überwinden, denn er wußte, daß er an der Misere unschuldig war; wußte, daß er einen unbekannten Feind hatte. Sein Haß gegen das Phantom steigerte sich ins Unerträgliche. Auch er sann auf Rache. Aber an wem sollte er sich rächen?

Ja, mein Freund, es gibt nichts Schlimmeres als ungestillten Rachedurst. Anton B. verfiel in Depressionen, und eines Trages drehte er durch ... er lief Amok. Er demolierte seine Wohnung, bedrohte seine geschiedene Frau. Man überwies ihn in eine Nervenheilanstalt ... dort ist er immer noch.«

Mir lief es eiskalt den Rücken hinunter.

»Kann man in der Rache wirklich so weit gehen?«

Johann nickte beflissen.

»Du mußt! Jedes Gefühl dürstet nach Befriedigung. Unbefriedigte Gefühle machen dich krank. Du bekommst Magengeschwüre, vielleicht sogar einen Herzinfarkt. Denke an Anton B., er konnte seine Rache nicht stillen ... willst du so enden wie er? Glaub mir, Rache ist nicht nur süß, Rache ist auch eine Art von Notwehr.«

ALLGEMEINE RACHETIPS

Die Praxis der Rache hat viele Gesichter; die Einstimmung hat da wohl einen ersten Eindruck vermittelt. Wir haben uns im Bekannten- und Freundeskreis umgehört, gefragt: »Wie habt ihr euch denn schon mal gerächt oder kennt ihr Tips, wie man seinem Feind am effektivsten eine verpaßt, ohne ihn gleich umzubringen?« Die Resonanz war enorm, kaum eine/r, die/der sich nicht bereits gerächt hatte. Viele Ratschläge gingen allerdings über das (Straf-)Maß hinaus, das wir uns als Grenze gesetzt hatten. Deshalb empfehlen wir bei weitergehenden Gelüsten gleich mit der Mafia Kontakt aufzunehmen. Die häufigste Art der Rache ist zweifellos die, die aus Trennungsgeschichten erwächst. Nichts scheint den Menschen heute rachewürdiger, als dem einstmals geliebten Partner eine reinzuwürgen. Aus diesem Grund steht auch bei uns an erster Stelle die Trennungsrache.

Und um den Gaul nicht von hinten aufzuzäumen, müssen wir erst einmal mit den Tips anfangen, die den Partner vergraulen. Wenn die kleinen Spitzen nicht mehr wirken, muß man zu stärkeren Kalibern greifen, um das Monster, mit dem man bis dato Tisch und Bett teilte, loszuwerden. Paul Simon hat vor Jahren in seinem Song »Fifty ways to leave your lover« in eine ähnliche Richtung gearbeitet. Aber fünfzig Beispiele brauchen wir nun wirklich nicht.

Untreue genügt nur noch in den seltensten Fällen, und die Verweigerung des Beischlafs schreckt auch nur sensible Gemüter. Tiefer geht da der Satz: »Ich liebe dich nicht mehr.« Aber bitte, was ist Liebe?

Mehr Erfolg verspricht das Abqualifizieren des anderen, wenn Dritte dabei sind. Immer treffen Worte wie: »Was du dir da gestern geleistet hast, war ja mehr als peinlich.«

Den **Körper** (auch im sexuellen Bereich) verbal niederzumachen ist vielversprechend: Fett, Schwangerschaftsstreifen, Orangenhaut, Hängebusen, Warzen, Minihoden, Mundgeruch und andere Gerüche. Es gibt keinen Menschen, der nicht irgendein Manko hätte oder dem man es nicht andichten könnte: Wer weiß denn schon selbst, ob er Mundgeruch hat? Da muß man zwangsläufig dem (Ex-)Partner vertrauen. Außerdem kann es nicht schaden, die eigene Aussage noch von Freund oder Freundin verifizieren zu lassen.

Untreue trifft allerdings immer noch, wenn man vom Partner in flagranti erwischt wird, und man das besonders trocken kommentiert: »Schatz, bitte hole uns doch ein Bier und . . .« weiter wird man selten kommen. Die Verletzung ist total. Die Fähigkeiten des anderen runterzumachen, ist ebenfalls eine gute Methode. Eine andere, noch bessere, die man jedoch subtil anwenden sollte, ist die der versteckten Vorwürfe: »Merkst du nicht, daß ich in letzter Zeit nicht mehr gut drauf bin und kaum noch arbeiten kann . . . ich weiß nicht woran das liegt. Vielleicht sollten wir uns für eine Weile trennen.« Das gibt dem anderen zu denken, die Suche nach eigenen Fehlern geht los und man schürt das Feuer in ihm, um ihn immer weiter zu verunsichern, bis er deprimiert aufgibt.

Während des Auszugs oder kurz nach der Trennung muß man sich Gedanken machen über die obskuren Objekte der Begierde, über die Gegenstände, die man als Rachevehikel benutzen will. Zuallererst bietet sich da das Telefon an – es eignet sich hervorragend für die Rache. Finanziell kann man am nachdrücklichsten zuschlagen, wenn man lange genug irgendwelche Ansagedienste im Ausland (Australien, Japan etc.) anruft und den Hörer ein paar Stunden (eben so lange, bis das Opfer wieder eintrudelt) neben den Apparat legt. Die **Bundespost** erteilt gerne Auskunft z. B. über die Zeitansage in einem fernen Land.

Das Verewigen der **Telefonnummer** in einschlägigen Toiletten wird beim Ex-Partner ebenfalls für Furore sorgen. Schwulen bzw. Lesbenkneipen sind hierbei die schärfsten Multiplikatoren. Darüber hinaus gehört die Nummer des Ex in jede andere Telefonzelle und jedes andere Clo. Der Text dahinter sollte kurz und bündig sein, zum Beispiel: »Kann und will immer.«

Den **Weckdienst** für den Feind bestellen oder selbst Weckdienst (mit verstellter Stimme bzw. Stimme einer Bekannten) zu spielen, ist da weitaus harmloser. Interessanterweise sei diese Rache bei Polizisten sehr beliebt, die verhaßte Mitbürger mit regelrechten Telefonketten am Schlaf hindern.

Hat der Feind gar einen **Anrufbeantworter,** kann man ihm die irrsten Telefonnummern mit dringender Rückrufbitte hinterlassen. Dazu bieten sich: Tel.-Nummern im Ausland – das geht schön ins Geld, bis der Irrtum aufgeklärt ist. Tel.-Nummern hiesiger Institutionen oder bekannter Persönlichkeiten (»Hier ist X., der persönliche Referent des Bürgermeisters, wir geben eine kleine Gesellschaft für alle [Beruf oder ähnliches, was den Feind auszeichnet, angeben] und würden uns freuen, wenn Sie am nächsten Dienstag im Rathaus sein könnten. Bitte bestätigen Sie uns den Termin kurz schriftlich.«)

Nicht übel ist auch: Die Ansage des **Anrufbeantworters** zu wiederholen (möglichst ähnliche Stimme) und das mehrmals täglich. Feind wird glauben, das Gerät spinnt und es zur Reparatur bringen. Klar, daß das nichts nützt, denn wir machen immer fröhlich weiter, bis er auf Auftragsdienst schaltet. Nun ja, da wiederholen wir das Spiel in den ersten beiden Punkten.

Der Telefonrache verwandt ist die **Annoncen**-Rache. Annoncen zu fingieren bringt eine Menge Spaß für alle Beteiligten. Man sollte sich aber nicht auf den Zeitungsmarkt beschränken, denn viel wirksamer ist es, mehrgleisig zu fahren. Mit Zetteln am **Schwarzen Brett,** an **Kiosken,** in **Kneipen,** im **Schreibwarenladen** oder wo auch immer man seine Wünsche und Anliegen per Wisch kundtun kann. Die Informationsecken außerhalb der **Presse** haben den Vorteil, daß der Betroffene sie nicht so einfach zurückverfolgen kann, und außerdem hängen die Zettel im allgemeinen mehrere Wochen aus und multiplizieren so die Zahl der »Interessenten« längerfristig.

Nun kann sich ja ein jeder einen schönen und originellen Text, der das Opfer besonders trifft, selbst zusammenreimen. Aber so ganz wollen wir auf Textbeispiele nicht verzichten: Hosteß hat zwischen 9 und 17 Uhr (eben die Zeit, in der Freund oder Mann arbeiten sind) Zeit für Sie. Tel.-Nr. des Opfers.

Oder etwas zweideutiger:

Gudrun zeigt Ihnen Frankfurt bei Tag und Nacht.

Das **Telefon** ihrer Feindin wird in den nächsten Wochen nicht mehr stillstehen.

Vielleicht wird sie aufgrund der dauernden Störungen ihrer Nummer (bzw. ihren Anschluß unter dem es keine »Nummer« gibt) von der Post ändern lassen. Dann kommt hinzu, daß sie sämtliche Verwandte, Freunde, Bekannte und Geschäftspartner über die Änderung informieren muß. Also, ganz abgesehen von den permanenten Störungen durch das Telefongeklingel und dem Abwimmeln aufdringlicher »Kunden«, sind die Folgen mehr als ärgerlich. Bei »IHM« kann man ähnlich verfahren: Annoncen bzw. Zetteltext: ER hat Zeit für sie und ihn. Callboy (Maße nach Belieben) nur für sie (oder ihn) Telefon.

Weitere schöne **Annoncen**-Ideen sind:

Todesanzeigen
Einladungen zur Verlobung
Ehe
Scheidung
Taufe etc.

Immer ist darauf zu achten, die Adresse des Opfers bei der Anzeigenannahme korrekt anzugeben, denn schließlich soll es ja selbst die Rechnung für die ganze Sache auch noch begleichen. Denn die Anzeigenabteilungen rufen so gut wie nie zurück. Das kann natürlich auch eine Rache an der ungeliebten Zeitung werden, denn wenn man genug Anzeigen aufgibt, die nie bezahlt werden, verschwendet der Verlag Papier und Platz und kommt nicht auf seine Kosten.

Auch üble Nachrede per **Annonce** macht sich immer gut: Ich fordere Herrn X auf, die 10 000 Mark, die er mir bereits seit zwei Jahren schuldet, umgehend zurückzuzahlen.

Oder: Sämtliche Damen/Herren, die mit mir in den letzten drei Monaten Kontakt hatten, möchten sich bitte sofort mit Dr. (Facharzt für Geschlechtskrankheiten) in Verbindung setzen. Es folgt der Name ihres Feindes.

Außerdem lassen sich per **Annonce** den Feinden auch wunderbar Kinder andichten. Aber so eine Geburtsanzeige kann dem Feind auch Vorteile bringen, denn sicher wird er mit Baby-Utensilien eingedeckt werden, die er second-hand weiterverkaufen kann.

Zwei Fliegen mit einer Klappe (sprich: Arbeitnehmer und -geber) kann man mit folgendem Text erwischen:

Da das Betriebsklima bei der y-GmbH unerträglich geworden ist, suche ich ab sofort einen neuen Wirkungskreis als . . ., es folgen Beruf und Name des Feindes.

Kleinanzeigen in der Tageszeitung, den Anzeigenblättern, am Kiosk oder wo auch immer, sind ein schier endloses Feld für die Rache. Hier sind der Phantasie des Schreibers kaum Grenzen gesetzt, was Notverkäufe oder Auswandern betrifft. Auch hierzu ein paar Beispiele, damit man sich den Kopf nicht gar zu sehr zerbrechen muß:

Wer zuerst kommt, mahlt zuerst. Verkaufe meinen Daimler-Benz 500 SEC (Blaumet., alle Extras), nur 30 000 km, wg. Wohnsitzverlegung nach Polen für nur 9000 Mark. Tel.

Wohnungsauflösung wg. Auswanderung nach Australien: Jedes Stück (auch Fernseher, Spül- und Waschmaschine, Tapedeck etc.) nur 50 Mark. Tel.

Vermiete 4-Zimmer-Whg. (160 qm, Citylage) für 650 Mark plus Umlagen. Wohngemeinschaft und Ausländer angenehm. Tel.

Notverkauf! Muß mich wegen Knastantritt von meiner geliebten HiFi-Anlage (neu 5000 Mark) für nur 800 Mark trennen. Tel.

Wo immer es geht, sollte man natürlich auch die Anschrift des Opfers angeben. Das bringt neben dem Telefon auch die Türklingel zum Kollabieren (vom Opfer mal ganz abgesehen), und sollte es Redaktionen geben, die partout zurückrufen wollen: Es gibt jede Menge leerstehender Büroräume und anwählbare Fernsprechzellen.

Die Liste der **Kleinanzeigen** ließe sich unbegrenzt fortsetzen. Hilfreich und doppelt lustig ist es, wenn der Feind die annoncierten Gegenstände wirklich besitzt. Die Menschentraube um einen fast neuen Mercedes kann man sich ja vorstellen, wenn der Preis nur 9000 Mark beträgt (Zusatz hinter der Anzeige könnte lauten: Der Wagen ist ab 17 Uhr im Garagenhof X Straße zu besichtigen). Glaubwürdiger ist es natürlich auch, die anzubietenden Gegenstände auf die Wohngegend abzustimmen; in einer billigeren Gegend nimmt man also besser einen Fiat oder ähnliches und bringt auch die anderen Gegenstände eine Nummer kleiner unter die Leute. Und nicht zu vergessen: **Kleinanzeigen** in Fachblättern (bei Autos und Computern besonders empfehlenswert), die z. B. nur 14täglich oder monatlich erscheinen, verlängern die Qualen der Besitzer.

Das **Liefernlassen** von Gegenständen und das Herumschicken von Personen sind so ziemlich die beliebtesten Formen der relativ harmlosen Rache. Fast täglich kann man solche Späße in der Zeitung lesen:

Herr X erhielt 40 Zentner Kohlen, obwohl er eine Gasheizung besitzt. Frau Y bekam 100 Säcke Zement vor die Tür ihres 1-Zimmer-Appartements geliefert. Taxis, Blumen, Mietwagen, das gesamte Programm einschlägiger Versandhäuser, alles läßt sich leicht an die Adresse ihres Feindes dirigieren. Denn in aller Regel werden **Bestellungen** heute telefonisch getätigt. Bei **Großlieferungen,** wie z. B. Briketts, sucht man sich einen Tag aus, an dem der Feind nicht zu Hause ist und wartet in seinem Hof (bzw. läßt, um ganz sicher zu sein, einen Freund warten, den das Opfer nicht kennt). Der sagt dem Kohlenhändler ganz locker: Schütten sie den ganzen Kram einfach hier hin. Quittiert im Namen des Opfers und verschwindet.

Abonnements lassen sich dem Feind ebenso leicht aufhalsen. Man schneidet aus allen möglichen Zeitungen und Zeitschriften die Abo-Coupons aus und versieht sie mit seinem Namen. Von der FAZ bis zum 20bändigen Brockhaus wird dem Opfer nun alles Gedruckte, das man für ihn bestellt hat, ins Haus flattern. Es ist klug, die Coupons kurz vor dem Urlaubsantritt des Opfers wegzuschicken, dann kann er nämlich nicht innerhalb der gesetzlich vorgeschriebenen Rücktrittsfrist von 10 Tagen reagieren und muß sich nach seinem Urlaub mit diversen Vertrieben herumschlagen ... und das kann dauern und dauern.

Auch das **Verschicken** von anzüglichen Gegenständen macht Laune. Ob eine aufblasbare Bums-Puppe, (un-)getragene **Dessous, BHs,** Dildos, Vibratoren, Schwulenzubehör, alles macht sich gut, wenn man es an die richtige Adresse dirigiert: Der Ehemann wundert sich über die Ehefrau, der Freund über die Freundin, der Chef über seine Sekretärin und umgekehrt. Man wird sie oder ihn ganz schnell für einen ganz schlimmen Finger halten.

Im Namen des Feindes einschlägige **Pornohefte** zu verschicken, kann ebenfalls zu bösem Blut unter den Beteiligten führen.

Das Opfer mit **Briefen** zu bombardieren ist nie verkehrt. Insbesondere, wenn diese alle unter- oder unfrankiert sind. Es muß jedesmal gehörig Nachporto blechen. Natürlich sollte man als Absender einen Namen aus dem Bekanntenkreis des Opfers oder eine offizielle Stelle angeben. Egal welcher Nonsens drinsteht. Der Feind wird bald nicht mehr wissen, welche **Briefe** er noch annehmen kann und welche nicht. Und wenn man zwischendurch auch mal ausreichend frankiert, ist die Verwirrung vollkommen. Außerdem: Beim Briefeinwurf so oft wie möglich den Postbezirk oder die Stadt wechseln.

Per **Post**
lassen sich auch wunderbar Dinge **verschicken,** die dem Opfer garantiert Schwierigkeiten bereiten. Man kaufe die schlimmsten **Pornos,** die der Markt bietet und läßt in einer Druckerei Aufkleber mit der Feindadresse und eine Widmung drucken (z. B. meinen [Geschäfts-] Freunden wünsche ich zu Weihnachten [zum Jubiläum etc.] alles Gute). Das Ganze wird dann mit dem Aufkleber versehen, nett verpackt und an die Bekannten des Opfers verschickt. Da kommt mit Sicherheit Freude auf.

Ähnlich gut ist auch dies: Man kauft im Antiquariat irgendwelche, noch einigermaßen ansehnliche **Bücher** (nicht mehr als zwei Mark sollten sie kosten) und klebt einen Sticker ein (handschriftlich geht es auch) mit folgendem Text:

»Dieses **Buch** gehört X Y, Musikantenweg 18, 2000 Hamburg. Der ehrliche Finder wird gebeten, es dort gegen eine Unkostenerstattung von 10 Mark abzugeben.«

Dann plaziert man die alten Wälzer wahllos in Parks und Kneipen. Der Feind wird eine Weile beschäftigt sein, die lästigen Geldforderer von der Tür zu weisen. Aber vielleicht zahlt er auch zähneknirschend und dann weitaus höhere Kosten.

Postkarten schickt man möglichst an die Büroadresse des Opfers, denn sie sollen ja nicht nur vom Briefträger gelesen werden. Der Text sollte kurz und bündig sein. Beispiele: »Liebling, ruf mich unbedingt an, wenn Deine Frau bei ihrer Tante ist . . .«

»Mein Lieber, es wird höchste Zeit, daß du deine Rechnung begleichst. 1200 Mark sind schließlich kein Pappenstiel. gez. Saunaclub Femina.«

»Gratuliere zu der **Erbschaft** von 500 000 Mark. Habe Dir extra ins Büro geschrieben, damit es Deine Alte nicht erfährt, denn Du hast ja gesagt, daß es geheim bleiben soll . . .«

Logisch wird man den Feind für knauserig halten und seinen Beteuerungen, nicht geerbt zu haben, kaum glauben.

Die **Autorache** wird insbesondere dem Deutschen, der sein Vehikel bekanntermaßen über alles liebt, sehr brutal vorkommen. Der gute alte Trick mit dem **Zucker** im Tank (zerstört jeden **Motor**) ist so alt wie das Auto selbst. Auch das Verkleben von entscheidenden Stellen des Wagens ist ein alter Hut. Ob man nun die Scheibenwischer mit »Elefantenkleber« verkleistert oder sich der Spezial**aufkleber** (jeder, der mal auf einem Fuß- oder Fahrradweg geparkt hat und von der Fußgänger- bzw. Radfahrerinitiative erwischt wurde, weiß, daß diese Dinger kaum mehr abzubekommen sind) bedient, all das ist lächerlich einfach. Vom Reifen zerstechen und Lack durch Säure zerstören ganz zu schweigen. Witziger ist da schon, einem Grünen-Mitglied CDU-Sticker (und natürlich umgekehrt) aufs Auto zu pinnen oder das gute Stück per Spraydose liebevoll zu bemalen.

Gute Dienste leisten auch Knallfrösche oder Fünferkracher. Die Knallkörper werden tief in den Auspuff (möglichst Auspufftopf) getrieben, und beim Heißwerden nach einigen Kilometern wird der Feind von den schönsten Geräuschen überrascht werden. Der Wagen nimmt dabei keinen Schaden, außer der Fahrer erschrickt und verreißt das Steuer.

Für die lieben Mitmenschen, die die schlechte Angewohnheit haben, zu dicht aufzufahren (und womöglich noch mit Lichthupe), haben geschickte Bastler eine besondere Überraschung parat: Ein interner Schaltkreis, der per Knopfdruck zu bedienen ist, bringt die Bremsleuchten auch bei voller Fahrt zum Aufleuchten und die Armleuchter hinter uns zum Erbleichen. Das Ding kann man noch um einen Gag erweitern: Bei zweimaligem Knopfdruck leuchten die Rückfahrscheinwerfer auf. Das kann an Ampeln zur Panik führen, wenn man dazu noch den **Motor** schön aufheulen läßt, so als wolle man einen Kavalierstart hinlegen.

Autofahrer kann man auch ärgern, wenn man ihnen falsche Zeichen gibt, zum Beispiel auf einen Plattfuß oder defekten Scheinwerfer hinweist.

Feste feiern, wenn sie NICHT fallen, ist eine schöne Sache. Man nimmt sich einen Abend Zeit und besucht die einschlägigen Pennerkneipen der Stadt. Dort verteilt man **Einladungen** mit der (Nobel-)adresse des Opfers, für das man sich ausgibt und faselt etwas von sozialer Aufgabe. Auch die Nachbarn des Feindes werden ihre helle Freude haben, wenn die Saufbrüder der Stadt mit Gejohle eintreffen.

Ist das Opfer abergläubisch, schicke man ihm die schlimmsten **Horoskope** und Voraussagen ins Haus. Wenn man einen Computer besitzt (ein Horoskop-Programm kostet inzwischen deutlich unter 100 Mark), kann man das echt aussehende **Computer-**Horoskop mit entsprechenden eigenen Vorhersagen anreichern. Und um das Glück vollzumachen, beauftrage man noch eine leicht käufliche Wahrsagerin, die dem Opfer wie zufällig über den Weg läuft (eine ihm unbekannte Freundin tut's natürlich auch) und die düstersten Voraussagen macht.

Am **Arbeitsplatz** läßt sich erfahrungsgemäß jede Menge Unheil verbreiten. Beim Chef und den lieben Kollegen ist fast jedes Mittel erlaubt, um Schwulitäten auszulösen.

Falls die Firma noch eine altmodische Kartei besitzt, ist es keine Schwierigkeit, diese unter neuen Gesichtspunkten zu »ordnen«. Aus jedem alphabetisch angelegtem Ding läßt sich in Minuten ein Kraut- und Rübenregister anfertigen. Kein Name und kein Buchstabe, der sich nach einigen Umgruppierungen noch ohne weiteres finden ließe.

Das Verschicken von **Rundschreiben** an die Kollegen hilft das Betriebsklima zu verbessern, wenn das Schreiben Texte wie diese enthält: Morgen bleibt unser Betrieb wegen Umbauarbeiten geschlossen. Der Betriebsausflug wurde kurzfristig auf morgen 10 Uhr vorverlegt. Treffpunkt Gleis 5 Hauptbahnhof. Oder man verschickt an die Kunden der **Firma Briefe** mit solchem Inhalt: Wir sind umgezogen nach ... die neue **Telefonnummer** (jetzt die Nummer eines anderen Feindes) lautet ... Die Verwirrung könnte kaum größer sein.

Programme im **Computer** kann jeder Anfänger nach Lesen des Handbuchs löschen. Ob am **Arbeitsplatz** oder privat; es gibt kaum Ärgerlicheres als ein nicht mehr vorhandenes Programm, verschwundene Adressen- oder Kunden**karteien.** Falls Sicherungen eingebaut sind: Mit etwas Mühe läßt sich alles knacken (Spezialliteratur zu diesem Thema gibt es inzwischen in Hülle und Fülle). Falls Sicherheitskopien der Programme gezogen wurden: möglichst verschwinden lassen oder durch Hitzeeinwirkung unbrauchbar machen. Profis verpassen dem Computer ein sogenanntes Virus-Programm. Dabei geht einfach alles hops.

Baut der Feind ein **Haus,** sollte man die Sache zum Stinken bringen. Kot heimlich nachts (es muß nicht Mitternacht sein, denn es wirkt immer) unter den Mörtel gerührt, wird Wochen nach der Fertigstellung und dem Einzug für einen köstlich-süßen Verwesungsgeruch sorgen.

Weicher Teer im **Schornstein** des Feindes ergibt eine Qualmentwicklung, die die Feuerwehr auf den Plan ruft.

Am Tag, an dem das **Miet**verhältnis beendet ist, übergeben wir dem Hausbesitzer oder -verwalter brav die Wohnungsschlüssel. Logo haben wir uns vorher Nachschlüssel anfertigen lassen. Der Hausverwalter/Besitzer hat sich natürlich kurz vor Auszug von dem exzellenten Zustand der **Wohnung** überzeugt, und wir haben gemeinsam ein Protokoll darüber angefertigt. Danach läßt man alles in die **Wohnung** bringen, was ein Hausbesitzerherz erfreut: streunende **Hunde** und **Katzen, Feten** feiernde Penner oder Punks, oder was sonst noch Krach und Schmutz verursacht.

Die Schlüsselübergabe an die Punks etc. läßt man durch einen Freund vornehmen. Denn wir treten natürlich nicht mehr in Erscheinung.

Leimen kann man den Feind im besten Wortsinn, wenn man Zugang zu seiner **Wohnung** hat. Vom Geschirr über die Klamotten bis hin zu den Türen, alles läßt sich mit Sekunden-(Elefanten-)kleber festmachen. Es wird eine Menge Kraft kosten, alles wieder abzulösen, und darüber hinaus wird so manches zu Bruch gehen.

In unserer von **Aids** geschüttelten Zeit kommt dem Präservativ wieder die Bedeutung zu, die ihm gebührt. **Kondome** tauchen plötzlich an allen Ecken und Enden auf, und wir sollten das unsere tun, daß sie auch an allen Ecken und Enden von den richtigen Leuten gefunden werden. In den Wohnungen der Feinde! Natürlich müssen die Dinger benutzt aussehen, also Spucke drauf und an geeigneten Plätzen schön drapiert. Die **Party** des Feindes wird ein voller Erfolg, wenn die Gäste in den Sesseln, auf der Couch, im Bad, im Kinderzimmer, zwischen den Blumen oder im kalten Büffet feuchte Pariser vorfinden. Guten Appetit.

Liebe Tierchen, in unserem Falle **Ungeziefer,** erfüllen immer ihre Aufgabe. In jeder guten Tierhandlung gibt es zum Beispiel **Motten** (Froschfutter) zu kaufen. Motten in den feindlichen Schrank, Schrank zu und fertig ist die Lauge. Ebenfalls Tierfutter und fast überall erhältlich sind Insektenlarven. Die gedeihen in der Regel überall und bevölkern schnell die feindliche Wohnung. Hat man zu der **Wohnung** keinen Zugang, vergräbt man die Larven einfach in einem hübschen **Blumenstock** und stellt ihn vor die Tür. Schmeißfliegenlarven sind wegen des ästhetischen Endproduktes besonders zu empfehlen.

Für feindliche Besitzer von Swimming- oder Whirl-**Pools** bietet sich als erstes die »Dash-Rache« an. Einfach ein paar Pakete Waschmittel kaufen und in die Becken schütten. Wasser marsch! Das schäumende Unheil wird nicht mehr aufzuhalten sein und die Reinigung einiges kosten. Von der Arbeit ganz zu schweigen.

Wer es bunter liebt, hole sich aus der Drogerie zwei bis drei Kilo Kaliumpermanganat und kippe sie in die entsprechenden Pools. Die Generalprobe an einem Bornheimer Brunnen brachte tagelang lila gefärbtes Wasser zustande.

Hausfrauen/-männer haben ja so ihre eigenen Methoden der **Kleinrache,** und sie nutzen diese auf vielfältige Art: **Wäsche** verfärben ist ja nun auch relativ harmlos und simpel zu bewerkstelligen. Man nehme ein nicht farbechtes Stück und lege es zu den übrigen (möglichst weißen) in die Waschmaschine. Das bunte Waschergebnis überzeugt.

Kleidungsstücke, die man zu heiß wäscht, werden mindestens eine Nummer kleiner.

T-Shirts an das Opfer **schicken,** mit Aufdrucken in einer Sprache, die kaum ein Deutscher spricht, die aber von möglichst vielen Gästen dieses Landes gesprochen wird (Japanisch z. B.). Die Aufdrucke enthalten eindeutige Angebote zum Sex. Den Text kann man sich bei jedem Übersetzungsbüro anfertigen lassen, und T-Shirts werden inzwischen in fast jedem Städtchen bedruckt. Etwas schwieriger ist nur die Anfertigung von Vorlagen.

Ärmel zunähen oder abtrennen. Das Innenfutter von den Taschen entfernen und obendrein noch **Mäuse**dreck in die Schuhe hat zur Folge, daß das Opfer eine Weile nackt bleiben muß.

Zucker und **Salz** austauschen. Wer je einen salzigen Tee oder ein gezuckertes Schnitzel zu sich genommen hat, wird wissen, was Leid ist.

Falsches Etikettieren oder das Umfüllen von **Konserven** werden in Tiefkühltruhen und Speisekammern für Chaos sorgen.

In **Kühlschrank** und Speisekammer lassen sich auch die unappetitlichsten Sachen unterbringen. Mal offen und mal eingekocht sorgen Tierkadaver, abgeschnittene Körperteile z. B. von possierlichen Ratten, für eine ungesegnete Mahlzeit.

Das Absägen von **Stuhlbeinen** (nur wenige Zentimeter), auf daß sie nicht mehr zum **Tisch** passen, ist ein billiger und weitverbreiteter Spaß. Besser ist, nur jeweils ein Bein (auch beim Tisch) kurz abzusägen. Das Gewackel wird ganz schön auf die Nerven gehen.

Bettbeine werden nur angesägt. Fast nichts ist schöner als ein **Bett,** das unter dem Gewicht unserer Nachfolger/Nachfolgerin zusammenbricht.

Federbetten schlitzt man an der Unterseite auf und irgendwann fliegt dann die Bescherung durchs Schlafzimmer. Das Chaos ist mit einem Staubsauger nicht zu bewältigen.

Ölfarbe eignet sich sehr zum Beschmutzen wichtiger **Papiere.** Man sollte die Farbdose so geschickt plazieren, daß der Gegner selbst das Unglück anrichtet.

Musikinstrumente, wie Geige oder Gitarre, lassen sich durch farblosen Lack im Resonanzboden unbrauchbar machen, während Blasinstrumente am besten auf Sekundenkleber reagieren. Bei größeren Instrumenten, wie Klavieren, kann man Hämmer, Dämpfer oder Saiten anfeilen bzw. verkleben. Die Töne werden für sich selbst sprechen.

Auch **Tonbänder** und Cassetten werden tonlos, wenn man sie im Backofen leicht anbrutzeln läßt. Das gleiche gilt für Videobänder, obwohl es hier spaßiger ist, die Schlußsequenzen zu löschen oder die Beschriftungen auszutauschen. **Dias** oder **Fotos** des Feindes, an denen dieser besonders hängt, kann man verschwinden lassen, sie zerschneiden oder übermalen. Und sollte noch ein Film in einer Kamera sein: Öffnen genügt.

Aus **Büchern** trennt man die letzten Seiten und die besten Stellen im Hauptteil heraus. Kein solches Buch ist mehr lesenswert.

Bücher kann man auch mit Widmungen versehen. Von Freunden, Freundinnen und sich selbst. Eine Widmung nach der Trennung versaut das schönste Werk.

Hobbys sollte man dem Feind gründlich vermiesen. Die Briefmarkensammlung nimmt man sich ganz vorsichtig vor und entfernt von den wertvollsten Marken die eine oder andere Zacke. Erst nach und nach wird der Feind das ganze Ausmaß des Schadens erkennen.

Bei Modelleisenbahnen kann man mit etwas technischem Geschick alles umpolen und umverdrahten, oder noch einfacher: Nur die Schienen leicht verbiegen. Entgleisungen von allen Seiten stehen ins Haus.

Bei Modellfliegern gehören Fremdkörper wie **Zucker** in den Tank, um den endgültigen Absturz zu bewirken.

Spenden machen sich auch gut. Man läßt die nettesten Sachen des Ex-Partners von der Caritas oder einer anderen Organisation abholen, wenn der nicht zu Hause ist. Stereoanlagen, Fernseher, Video machen sich gut in Jugendzentren, und die Heilsarmee ist für so ziemlich alles dankbar. Es ist fast unmöglich, die Sachen wiederzubekommen, auch wenn man dem Ex bereitwillig über den Verbleib Auskunft gibt.

Die **Pflanzen** des Opfers mit Pflanzengift zu vernichten, dürfte wohl eine der leichtesten Übungen sein. Und auch in öffentlichen Parkanlagen lassen sich mit Pflanzengift recht ansehnliche Sachen anstellen. Zum Beispiel in Buchstabenform sprühen: Herr F. ist völlig pleite und betrügt seine Frau.

Ein **Haustier** zu stehlen und es an ein Versuchslabor weiterzugeben, ist eine so üble Geschichte, daß wir uns an jedem rächen würden, der so etwas versucht. Aber es geht auch anders: **Hunde** oder **Katzen** kann man nach Verabreichung einer Schlaftablette rasieren oder einfärben. Und einen bissigen **Hund** mit einer Ladung leicht verdünntem Zitronensaft anzuspritzen, damit er die Flitze macht, ist schon fast legitim. Rote Farbe im Aquarium erschreckt nur den

Besitzer und tut den **Fischen** nichts. Alka Seltzer im Aquarium ist dagegen der **Fische** Tod.

Für **Toupets** oder **Perücken** empfehlen wir einen neuen Schnitt, der den Träger völlig entstellt. Die Behandlung mit Haarentferner oder Säure (möglichst aus der Autobatterie) sorgt für einen vollen Überraschungserfolg.

Abführmittel in Speis und Trank bringen das Opfer laufend auf das rechte Örtchen. Wenn man Gelegenheit hat, diese Rache lange genug zu praktizieren, wird der Gute bald zu nichts mehr zu gebrauchen sein.

Quecksilberchlorid verändert jede **Stimme** in computerhaftes Gequake. Ist der Feind Sänger (oder muß er gleich eine wichtige Rede halten), kann man ihm mit einer Prise im Getränk den Auftritt schmeißen... andere Chemikalien haben eine ähnliche Wirkung. Am besten, man fragt einen befreundeten Chemiker wegen der Dosierung um Rat.

Das **Anschwärzen** von Mitbürgern ist ein unter den Deutschen weitverbreiteter Sport. Denunziantentum aus Mangel an Zivilcourage war und ist eine deutsche Volkskrankheit. Uns sind da die bösen Leutchen lieber, die aus reiner Rache falsche oder auch richtige Anschuldigungen bei **Behörden** und **Institutionen** (anonym per **Brief** oder **Telefon**) ablassen:

»Herr F. feiert dauernd **Rauschgiftparties,** Herr F. betrügt die Steuer, überprüfen Sie doch mal seine Spesenquittungen, die sind alle von seiner Tante.« Man achte darauf, daß die Anschwärzung nicht nur von einer Seite kommt, also Mitstreiter suchen oder auf verschiedenen Schreibmaschinen schreiben und daß der Vorwurf in etwa zum Bild des Opfers paßt.

So kann man ganz gezielt **Behörden** informieren, wer wirklich Kohle nebenbei verdient und es dem **Finanzamt** unterschlägt.

Im Bekanntenkreis jemanden zu desavouieren, ist ebenfalls leicht. Man muß nur möglichst viele Geschichten in die Welt setzen. Seitensprünge, Alkohol, obskure Sekten usw., irgendetwas wird immer hängenbleiben. Wichtig ist, daß der Feind die Gerüchte nicht konkret zugetragen bekommt, er soll nur merken, wie sich sein Umfeld verändert, wie man auf Distanz zu ihm geht.

Um **Geld** geht es auch bei den **Bankgeschichten.** Für die folgenden Racheakte muß man allerdings noch eine Vollmacht für das gegnerische **Konto** haben: Bereits Abgebuchtes kann bis zu einem gewissen Zeitraum (meist vier Wochen) wieder rückgängig gemacht werden. Neue Daueraufträge werden erteilt; z. B. für Greenpeace oder die Caritas. Miete, Leasingraten, Strom und Gas etc. (eben alles, was bisher abgebucht wurde) wird gestoppt und die gleichen Summen für die obskursten Vereine eingesetzt. Falls man noch die Möglichkeit hat, läßt man die Belege verschwinden. Der Gegner sieht dann nur die Summen und glaubt, die Belege würden mal wieder nachgereicht (das passiert recht häufig). Vielleicht hat man aber auch sonst Glück und er guckt gar nicht richtig hin. Dann kann es drei Monate dauern, bis er das Fiasko bemerkt. Diese Rache bringt's natürlich nur, wenn man an den Ex-Partner keine finanziellen Ansprüche mehr hat, sonst wäre es auch ein gelungenes Beispiel für Selbstrache.

Mit **Kreditkarten** werden nicht nur in Kriminalfilmen Türen geöffnet. Sie sind auch für allerlei anderen Unfug gut. Es gibt zum Beispiel Inserate, in denen Waren feilgeboten werden, die man einzig unter Angabe seiner Kreditkartennummer bestellen kann. Kennt man die des Feindes, wird er sich bald über allerlei schöne Dinge freuen dürfen.

Sollte das Opfer auf Reisen sein, ist es angesagt, seine **Kreditkarte(n)** sperren zu lassen, weil sie angeblich gestohlen wurde(n). Den Ärger wird er bald zu spüren bekommen. Für zu Hause empfiehlt sich diese Rache weniger, denn die Kartenaussteller leisten blitzschnell Ersatz.

Mit der Karte zu den Cash-Automaten fahren und abheben, solange es geht. Gilt auch für die Zusatzkarte und die **Euroscheckkarte.** Bei Kreditkarten-Instituten dauert es allerdings etwas länger, bis der Betrag abgebucht wird, während die Banken innerhalb von drei, vier Tagen zuschlagen.

Stornieren kann man übrigens alles mögliche, was der Feind gebucht hat. Einen Flug (wenn man Abflugzeit und Flugnummer kennt) zum Beispiel. Und um das Ganze seriöser zu machen, bucht man dann auch noch einen anderen Flug für ihn.

In Bars oder Gaststätten von Feinden kann man die Damen/Herren-Schilder an den **Toilettentüren** meist in Sekundenschnelle austauschen. Die gleiche Sache eignet sich auch für Behörden und die eigene Firma.

Frauen bringt's Verdruß, wenn man zwischen Deckel und **Toilettenschüssel** durchsichtige Zellophanfolie anbringt. Ein spritziges Mißvergnügen!

Besitzt er oder sie noch wertvollen **Schmuck,** läßt man beim **Juwelier** Duplikate anfertigen und tauscht die Chose kurz vor dem Auszug aus. Das kann zu einem gerichtlichen Nachspiel führen. Aber in der Regel merkt der Geprellte es nur, wenn er seinerseits den **Schmuck** verscherbeln will oder ein Kenner der Materie ist.

Auch teure **Uhren** überstehen kaum einen längeren Kochvorgang, sehen nach dem heißen Bad aber äußerlich unbeschädigt aus.

Die **Verführung** von Sohn, Tochter oder Frau/Mann des Feindes läßt diesen immer alt aussehen, macht aber gewisse Talente unabdingbar.

Das Opfer heiß machen und kurz vor dem **Orgasmus** wieder aus dem Bett werfen und auf Nimmerwiedersehen verabschieden – das hinterläßt einen ewigen Eindruck, grenzt aber nach unserem Geschmack schon an Masochismus bzw. Sadismus.

Bei der Friedhofsgärtnerei einen schönen **Kranz** bestellen, die Schleifen entsprechend bedrucken lassen und an die Feindadresse schicken (egal ob Büro- oder Privatadresse), nichts ärgert manche Leute mehr als der eigene Tod.

Wenn der **Tod** naht und man fast alles durchgebracht und den Rest verschenkt hat, vermacht man seinem liebsten Feind, was er am meisten haßt und die Schulden. Falls man nichts Hassenswertes besitzt, kann man es sich auch kurz vor dem Exitus noch anschaffen: Elefant, Riesendogge, Kobra, Vogelspinnen . . . eben was den Feind am meisten ärgert, von den Schulden ganz abgesehen.

Die von Wallraff beschriebene **Hamburger**-Rache (beim Zubereiten Popel rein) läßt sich natürlich in der gesamten Gastronomie anwenden. Viele **Schnitzel** schmecken ohnehin wie Sägemehl.

Filme aufwickeln und wieder einrollen. Die belichteten Dinger schickt man an den Feind. Vorher kopieren wir das Firmenzeichen und schreiben in etwa diesen Text darunter: »Wir haben Sie und 99 andere Haushalte ausgewählt, um unser Produkt zu testen. Bitte verwenden Sie die beigelegten Filme für Ihre nächsten **Fotos** (am besten Urlaubsfotos), die schönsten werden mit wertvollen Preisen prämiert.«

Kojak nutzt in seinen Filmen ab und an ein »Außer Betrieb«-Schild, wenn er z. B. eine **Telefonzelle** blockieren will. Mit diesen Dingern läßt sich wirklich eine Menge anstellen, man denke nur an **Lifts** in Hochhäusern und öffentliche **Toiletten.**

Ein Minimum an technischem Geschick erfordert es, einen **Lift** zum Ausflippen zu bringen. Als erstes muß man abwarten, bis sich das Hochhausgefährt geleert hat. Dann hängt man ein Schild mit der Aufschrift »Außer Betrieb« an die Tür und macht sich an die Arbeit. Es ist angebracht, bei dieser Geschichte einen blauen Overall zu tragen, man weiß ja nie, ob nicht doch jemand hineinlugt. Man schraubt das Schaltpanel ab und vertauscht die Drähte der einzelnen Knöpfe. Nachdem man das Panel wieder aufgeschraubt hat, entfernt man sich und das Schild aus dem Gebäudebereich. Die Fahrstuhlfahrer wird es sehr wundern, wenn sie statt im 8. Stock in der Tiefgarage, statt im 4. im 18. Stock landen. Geeignet für alle Hochhäuser, ob mit oder ohne Behörde.

Eine andere Filmrache ist aus Viktor und Viktoria: **Ungeziefer** im Restaurant. Ob man nun umsonst speisen will oder die Gesundheits-

aufsicht holt: Ein paar **Kakerlaken** oder **Käfer** lassen sich unauffällig aussetzen. **Mäuse** sorgen unter den Gästen für Stimmung und ruinieren den Ruf der Nobelpinte.

Eine der schönsten Kinorachen findet allerdings im Filmtheater selbst statt: im **Pornokino.** Eine Frau geht mit einer dickmilchgeladenen Einwegspritze in die hinterste Reihe und spritzt bei den heißen Szenen das Zeug den Vordermännern an den Hals. Jeder wird's für **Sperma** halten.

Für Frauen auch ganz easy: Mann **anmachen,** sich alle Drinks, Theater, Kino etc. bezahlen lassen und dann ab ins Hotel. Während er duscht oder noch weitere Drinks vorbereitet, einen zuvor geschriebenen Zettel hinterlegen und verschwinden (Textvorschlag: Viel Spaß beim Wichsen).

Ätzende Sachen auf der unbenutzten **Toilettenrolle** (für Rosa empfehlen wir Tabasco) bringen jedes Hinterteil in Schwung.

SCHÜLERRACHE

Eine der gelungensten Schülerrachen ist die folgende, mit der wir das Kapitel über Schülerrache einleiten: Werner Schlierf, »Geschichten aus einer schadhaften Zeit«, Lorgnon Verlag.

»Ich hatte es gut in meiner Kindheit, da meine Eltern die perverse Züchtigungsart ablehnten.

Ich lag also nie mit entblößtem Hintern auf der Kloschüssel oder auf den Knien meines Vaters und mußte mir dessen Riemen auf meinem nackten Arsch gefallen lassen. Wie viele meiner Freunde. Ich danke es heut meinem Vater mit einem heißen und innigen Angedenken. Er war immer ein Freund gewesen, selbst in jener Zeit, als ich mit dem Kopf gerade über den Tisch blicken konnte.

Hatte er einmal Grund, mir den Unterschied zwischen Gut und Böse zu zeigen, so tat er dies auf seine Art. Er verabreichte mir einige Ohrfeigen, und ich hatte begriffen. Ich fand diese Art der ›Erklärung‹ weitaus männlicher und nicht so demütigend.

Einige Lehrer meiner damaligen Barfußzeit hatten nicht annähernd die pädagogischen Fähigkeiten meines Vaters. Sie machten sich einen sadistischen Spaß daraus, mir meine Fingerknöchel mit dem Lineal zu gerben. Oder mir meine Schläfenhaare mitsamt der Wurzel auszureißen.

Sie schreckten auch nicht davor zurück, mich auf die erste Bank zu legen und unter dem Gekicher meiner Klassenkameraden mir mit dem ›Spanischen Rohr‹ den Hintern zu versohlen. Ich schwor ihnen bei dieser entwürdigenden Prozedur jedesmal Rache und führte diese meistens auch durch.

Natürlich richtete ich es so sein, daß die stärksten Lacher unter meinen Klassengefährten als Urheber in Verdacht gerieten. Meine Rache traf also beide: die Exekutive in Form meines Lehrers und die Zuschauer, die den meisten Spaß daran hatten, wenn ich bestraft wurde.

Ich sehe heute noch ihre Ärsche auf der ersten Bank zucken, wenn sie mit dem ›Spanischen Rohr‹ Bekanntschaft machen mußten. Ihr Winseln berührte mich nicht.

Doch auch eine andere Art der Rache gewöhnte ich mir im Laufe der Zeit an: die stille Rache!

Einer der schlagkräftigsten Lehrer, der täglich aus dem Munde roch und dessen Krawatte nie sauber war, hatte die Eigenart, in der Pause einen Schüler dazu zu bestimmen, ihm beim Metzger um die Ecke 100 Gramm Hirnwurst zu besorgen.

Er hatte sie gewiß nötig, und ich fand damals schon, daß seine Vorfahren ausschließlich aus Holzfällern bestanden haben mußten und er sicherlich nur aus Zufall in das pädagogische Fach hineingeschlittert war.

Nun, wenn ich das Glück hatte, an die Reihe zu kommen, konnte ich nur mit Mühe mein Entzücken verbergen. Kaum hatte ich die 100 Gramm Hirnwurst beim Metzger erstanden, sauste ich im Laufschritt auf den Lokus und pinkelte mit einem heißen Strahl über die kalte Hirnwurst. Ich ließ sie abtropfen, wickelte sie sorgfältig ein und brachte sie mitsamt einer nassen Essiggurke dem verhaßten Schuft von Lehrer. Er würgte sie schmatzend hinunter.

Vielleicht roch er deshalb immer aus dem Mund?

Das war meine stille Rache. Niemand erfuhr davon. Nicht einmal mein Vater.«

Abgesehen von dieser etwas eigenwilligen Racheidee gibt es viele Varianten, sich im Alleingang oder auch im Team an unbeliebten Paukern zu rächen. Zu diesem Thema noch einige Kostproben aus »Lehrer ärgere dich« von D. Heckenschütz, Eichborn Verlag:

»Wem die Schule stinkt, der wird sie auch für Lehrer stinken lassen wollen. Die klassische Methode besteht darin, einen Tropfen reifen Camembert auf den Lehrertisch zu bringen. Viel eleganter ist es, eine Scheibe Harzer Käse entweder mit einer Latte dergestalt hinter eine höhenverstellbare Wandtafel zu plazieren, daß der Hausmeister nicht daran kommt, oder aber sie von unten an die Platte des Lehrertisches zu nageln. In einer Hamburger Schulklasse nagelte ich einen Fisch an die hintere Rückwand der Schublade im Tisch eines unangenehmen Chemielehrers. Gegen den Gestank dieses verfaulenden Herings kam nicht einmal jener Schwefel an, den der Chemielehrer (»Satan»!) regelmäßig bei seinen Experimenten verbrannte. Sachverständige der Schulbaubehörde fanden die Ursache des üblen

Geruchs im Chemiesaal nicht heraus und tippten auf Abwässer einer nahen Fischmehlfabrik.«

Die blockierte Garagentür

Übertrieben ordentlich, wie der autoritäre Pädagoge nun mal ist, behandelt er sein Auto meist liebevoller als seine Frau. Natürlich kommt das Auto nachts in eine Garage, deren Tor meist mit einem Zylinderschloß ausgestattet ist. Für dieses Schloß gilt selbstverständlich das Heckenschütz-Zylinderschloß-Gesetz: Zylinderschlösser lassen sich blockieren (Eisennägel hineinschieben und abbrechen, bzw. Büroklammern mit Zweikomponentenkleber einkleben). Voll Vorfreude auf einen neuen Tag, an dem er den Schülern das Leben zur Hölle machen kann, eilt der Volksbildner frohen Mutes dann zu seiner Garage und, oh Schreck, er kriegt seinen Wagen nicht heraus. Natürlich kommt er an diesem Tag zu spät und muß sich beim Rektor entschuldigen, der ihm die Geschichte mit dem blockierten Garagentor selbstverständlich nicht glaubt.

Hinweis: Dieses blockierte Garagentor ist, wie alle blockierten Schlösser, Sachbeschädigung und strafbar. Der Profi vermeidet die strafbare Handlung, denn eine mit Zweikomponentenkleber auf das Schloß geklebte 1-Pfennig-Münze bewirkt auch die gewünschte Lehrerverspätung, und das Schloß ist danach nicht völlig im Eimer.

Christo oder das total verpackte Automobil

Wenn der Kunstunterricht etwas getaugt hat, wissen die Schüler der Oberstufe, daß der amerikanische Verpackungskünstler Christo Kunst schafft, indem er Häuser, Brücken oder Teile von Landschaften kunstgerecht verpackt. Es erfordert nicht mehr als einige Rollen Toilettenpapier, um das Kraftfahrzeug eines unbeliebten Pädagogen so gut zu verpacken, daß er nicht nur einige Zeit braucht, um es wieder auszupacken, sondern auch zur Zielscheibe des Spotts von Lehrern und Schülern wird. Das erforderliche Material liefert die Schulverwaltung zum größten Teil kostenlos. Toilettenpapier gibt es auf den Schülertoiletten. Kosten: eine Rolle Tesafilm.

Lehrer im Uhrwald.
Digitaluhren zeigen nicht nur deutlich an, wie langsam eine Unterrichtsstunde vergeht, sondern sie haben auch die erfreuliche Angewohnheit, zu jeder vollen Stunde ein piepsendes Geräusch von sich zu geben. Besonders nützliche Uhren lassen sich auch auf einen Alarmton programmieren; die Uhr piepst bis zu einer Minute lang. Wenn Schüler einer Klasse sich einig sind, beginnt eine Uhr zu piepsen, der Lehrer wird irritiert, sucht den Besitzer der Uhr, der selbstverständlich völlig unschuldig ist. Während er das noch erklärt, beginnt hinter dem Lehrer die Uhr eines anderen Schülers Alarmsignale auszusenden, der Besitzer dieser Uhr entschuldigt sich, und während er sich noch entschuldigt, piepsen die dritte, die vierte und fünfte Uhr. Sie zeigen dem Lehrer, was die Stunde geschlagen hat. An Unterricht ist nicht zu denken, die Stunde wird spannend. Wie verhält sich der Lehrer? Wie verhalten sich die Klassenkameraden? Das Ganze ist viel spannender als Mathe.

Das unheimliche Summen.
Mitten im Unterricht beginnt ein Schüler plötzlich zu summen. Wenn der Lehrer auf der Suche nach dem Urheber dieses Geräusches durch die Klasse eilt, beginnt es hinter ihm zu summen und so fort: Nicht besonders intelligent, aber wirksam für die Unter- und Mittelstufe. Warum soll es nur in den Köpfen summen, wenn ein leistungswütiger Lehrer zu viel Stoff durchnimmt?

Die wißbegierigen Schüler.
Die Schule lebt von der Vorstellung, daß die Schüler etwas lernen sollen und wollen. Nehmen wir die Schule beim Wort! Wenn mehrere Schüler erklären, den Stoff der letzten Stunde nicht verstanden zu haben, wird der Lehrer zähneknirschend wiederholen. Der Unterricht kann jederzeit durch höfliche Fragen, die sich auf den gerade durchgenommenen Stoff beziehen, unterbrochen werden. Klassen, in denen ein Lehrer in einem Monat den Stoff für ein ganzes Vierteljahr durchnimmt, sind selber daran schuld.

Die Grippewelle.
Einigkeit macht stark. Wenn ein Drittel der Schüler einer Klasse sich einig ist und wegen Krankheit fehlt, wird neuer Stoff nicht durchgenommen werden. Moderne Darmgrippen verlaufen oft ohne Fieber, aber mit jeder Menge Durchfall. Wer zu Hause die Toilette blockiert, wird von Vater oder Mutter auch dann eine Entschuldigung bekommen, wenn er dort Jerry Cotten liest.

Die eingeseifte Schultafel.
Auf einer richtig eingeseiften Tafel hält die Kreide des Lehrers nicht. Die mit feinster Margarine eingefettete Schultafel wird entfettet werden müssen.

Die angekettete Lehrertasche.
Lehrer betreten die Klasse meist mit einer Tasche, die sie auch nach Ende der Stunde wieder mitnehmen wollen. In einer Realschule in Lünen bat ein Schüler den Lehrer nach hinten zu seinem Platz. Dann schlich ein anderer nach vorn, um die Aktentasche mit einer Fahrradkette am Lehrertisch anzuketten. So was ist eine Spitzenleistung, die Bewunderung verdient.

Bombenwarnung.
Hierbei ist Schülersolidarität und planmäßige Zusammenarbeit Voraussetzung. Wenn ein Schüler eine Freistunde dazu nutzt, die Schule anzurufen und erklärt, im Physiksaal befände sich eine Bombe mit Zeitzünder, wird ein vorsichtiger Direktor sofort den Physiksaal durchsuchen lassen. Findet er dort ein tickendes Paket (Billigwecker aus dem Kaufhaus!), wird die Schule geräumt und die Feuerwehr rückt an. Vorsicht vor Fingerabdrücken auf dem Wecker! Frustrierte Feuerwehrleute können sehr gründlich sein!

Nachteile: Ist sehr wirksam, aber strafbar und funktioniert höchstens einmal im Schuljahr.

Die verhustete Unterrichtsstunde.
Niemand kann Schüler daran hindern zu husten, wenn sie husten

müssen. Wenn ein Schüler oder mehrere Schüler in der Klasse dauernd husten, wird dem Lehrer die Lust am Unterricht vergehen.

Zettel.
Zettel können von Schüler zu Schüler weitergegeben werden. Das unterbricht den Unterricht. Lehrer wollen meist unbedingt wissen, was auf dem Zettel steht. Wenn gar nichts darauf steht, gucken sie besonders frustriert.

Die Verlobungsanzeige am Schwarzen Brett.
An jeder Schule gibt es Lehrerpärchen, die zusammenleben und nicht im Traum daran denken zu heiraten. Weil die Liebe auch Lehrer glücklich macht, sind solche Pauker meist freundlich, und ihr Unterricht ist ein Vergnügen. Keiner kommt auf die Idee, solche vielversprechenden Nachwuchs-Pädagogen zu ärgern. Ganz im Gegenteil – wer sie zufällig engumschlungen knutschend in einer Disco trifft, beweist Taktgefühl, wenn er so tut, als habe er seine Brille zu Hause vergessen. Völlig anders jedoch die Situation, wenn der Schul-Tyrann den Schülern zwar Moral predigt, sich selber aber nicht daran hält.

»Wir haben uns endlich verlobt« – Oberstudiendirektor Dr. X und Studienrätin Y (genannt »das Huhn«), stand auf einem Zettel, der drei Tage lang am Schwarzen Brett meines Gymnasiums in Hamburg hing, und weil wir bei X. in Kunst gerade Collagen klebten, war auch die Anzeige mit einem schönen Bild aus einem Dänenporno verziert. Erfolg: Dr. X. brüllte schon zwei Monate später nicht mehr an unserem Gymnasium in der Pausenhalle, sondern in einem Gymnasium in Winsen/Luhe, an das er sich versetzen ließ.

Der magische Hosenschlitz.
Noch immer gibt es den jungen Studienrat, der in der Mädchen-Oberstufe besonders forsch auftritt, weil er unsicher ist. Klar, daß bei ihm alle mit besonders tiefem Ausschnitt oder engem Pullover zum Unterricht kommen. Ein alter Trick, der ihn manchmal so sehr verunsichert, daß er aus der Klasse rennt: Sämtliche Schülerinnen eines Kurses starren pausenlos auf den Reißverschluß seiner Hose, wobei manche so tun, als müßten sie krampfhaft ihr Lachen unterdrücken.

Lustmolch-Bremse.
Obwohl unter pädagogischem Eros nicht verstanden werden soll, daß es zum Schulbetrieb gehört, wenn Lehrer Schülerinnen oder Schülern schöne Augen machen, kommt das immer wieder vor. Wenn es beiden Seiten Spaß macht, ist es in Ordnung und vermenschlicht das Unterrichtsklima. Wenn ein schmieriger alter Pauker zum Lustmolch wird, ist es heilsam, wenn eine Oberstufenschülerin dem Lustmolch den Eindruck vermittelt, sie sei an ihm interessiert und sich mit ihm verabredet. Wenn dann eine Viertelstunde nach ihr die halbe Klasse im lauschigen Café auftaucht und scheinheilig behauptet, sie hätte angenommen, daß es sich um schulische Angelegenheiten handle, gibt es Verwirrung und viel Gelächter, und die Schülerinnen haben künftig ihre Ruhe.

Lustmolchbremse auf amerikanisch.
Amerikanische College-Studentinnen suchen Sex-Maniacs in ihren Zimmern auf oder warten, bis die anderen Schüler und Schülerinnen den Unterrichtsraum verlassen haben und sie mit dem Lehrer allein sind. Sofort danach reißen sie sich die Bluse auf und rennen schreiend aus dem Zimmer. Wenn der betreffende Lehrer schon vorher nicht den besten Ruf hatte, wird die Schule ihn los, zumindest hat der Lehrer eine Menge Ärger – leider meist auch die College-Studentin. Juristisch gesehen ist das Ganze die Vortäuschung einer Straftat, und das ist strafbar. Zu Recht: So was kann ein Lehrerleben zerstören!

Der Zauberstab der Hausfrau.

Alte, unverheiratete Lehrerinnen kurz vor dem Ruhestand verdienen unsere Rücksicht. Leider sind alte Jungfern oft sehr niederträchtige, herrschsüchtige Mannweiber, die ihre Wut über das eigene verpfuschte Leben an den Schülern auslassen. Wenn jeder in der Klasse eine Mark spendet und die Lehrerin einen schönen Massagestab auf ihrem Tisch findet, ist der weitere Verlauf dieses Schultages die Investition auf alle Fälle wert. Da kommt Freude auf! – Es ist aber taktlos, diesen Vibrator zusätzlich mit einer Seidenschleife zu versehen . . .

BEHÖRDENRACHE

Einige Tips, um den Amtsschimmel gehörig zum Wiehern zu bringen, liefert das Buch »Bürokrauts, wir kommen« von Rainer Horbelt und Sonja Spindler, Eichborn Verlag: »Wenn man einer Behörde schreibt, so ist es wichtig, sich vorher zu überlegen, was man mit seinem Brief erreichen will. Will man die Bürokrauts ärgern, so sollte man den Brief mit der Hand schreiben, wortreich und schwer zu lesen. Auf keinen Fall ist dann die Schreibmaschine zu benutzen. Der Brief sollte so allgemein wie möglich gehalten werden. Man sollte niemals deutlich werden. Man sollte sich auch nie auf einen konkreten Vorgang beziehen.

Die Unterschrift sollte nicht lesbar sein. Es gibt da zwar ein höchstrichterliches Urteil, nachdem in Unterschriften zumindest einige Buchstaben des Namens erkennbar sein müssen, aber das ist auslegbar.

Das Datum der Briefe sollte immer falsch sein. Aber denkt daran, euch das richtige Datum zu merken, da es möglicherweise irgendwann gebraucht werden könnte. Zeichen, Aktenzeichen und ähnliche Hinweise, die einen Brief einordnen lassen, sind zu vergessen. Es wird der Posteingangsstelle der Behörde viel Mühe bereiten, den Brief an die richtige Stelle zu leiten. Es wird viele »Rückläufe« geben.

Es gibt die Möglichkeit, bei Angelegenheiten, die nicht termingebunden sind, Briefe auch an Behörden zu schicken, die für die darin aufgeführten Anliegen nicht zuständig sind. Wichtig ist: Die Behörde muß auch solche Briefe bearbeiten. Sie kann sie an die zuständige Behörde weiterleiten, sie kann aber auch selbst antworten. Auf eine Anfrage sollte man nach spätestens vier Wochen eine Antwort erhalten haben, sonst kann man davon ausgehen, daß die Bürokrauts in der Behörde untätig sind.

Oft ist es auch eine gute Idee, eine Antwort auf einen Brief zu fordern, den man nie geschrieben hat: ein guter Einstieg für eine Korrespondenz mit einer Behörde. Ein solcher Schriftwechsel kann sehr umfangreich und arbeitsintensiv werden. Eine Möglichkeit, in der Behörde Unruhe zu stiften, ist, schriftlich nachzufragen, warum der

Bürokraut C von der zuständigen Stadtverwaltung den Briefwechsel, den man mit dem Bürokraut A von derselben Behörde hatte, in Frage stellt.

Dieser Brief muß natürlich möglichst an den Vorgesetzten der beiden gehen.

Dies kann zu gegenseitigem Mißtrauen zwischen allen drei Bürokrauts führen.

Besonders raffiniert ist, wer es schafft, zwei Behörden miteinander in Verbindung zu bringen, sie miteinander korrespondieren zu lassen.

Da kann man sich als Korrespondenzgegenstand wunderbar im Hintergrund halten.

Für jeden Schriftverkehr ist wichtig: Die Briefe sorgfältig abheften! Nichts erschreckt einen Bürokraut mehr, als wenn er mit genauen Informationen konfrontiert wird, die Jahre zurückliegen.

Vielfach unbekannt ist, daß man sich per Brief auch in die Politik einschalten kann. Nicht in die große Politik freilich, nur auf Gemeindeebene ist das in einigen Bundesländern möglich.

Es gibt da den sogenannten »Bürgerantrag«. Er ist Bestandteil der Gemeindeordnung, z. B. des Landes Nordrhein-Westfalen, und ist in die Hauptsatzung der Städte und Gemeinden aufgenommen worden.

In der Hauptsatzung der Stadt Gelsenkirchen heißt es dazu: »Jeder hat das Recht, sich einzeln oder in Gemeinschaft mit anderen schriftlich mit Anregungen oder Beschwerden an den Rat der Stadt zu wenden . . .

Alle Anregungen oder Beschwerden, die spätestens drei Wochen vor einer Ratssitzung bei dem Oberbürgermeister eingegangen sind, werden mit einer schriftlichen Stellungnahme des Oberstadtdirektors dem Rat der Stadt in dieser Sitzung vorgelegt . . .«

Also, frisch ans Schreiben. Deckt eure Oberbürgermeister mit Anträgen ein. So idiotisch sie auch sein mögen: Sie müssen bearbeitet werden. Der Oberstadtdirektor muß Stellung nehmen, der Rat muß entscheiden, eventuell muß noch ein Ausschuß darüber beraten. Und eine Antwort bekommt man auch noch. Bürokrauts bei der Arbeit, das ist doch herrlich!

Der Bürokraut fürchtet drei Dinge, haben wir gesehen. Er fürchtet seine Personalverwaltung, fürchtet, daß er bei ihr in Ungnade gerät und daß sie sich mit ihm beschäftigt, daß er zum Gegenstand ihres Handelns wird.

Der Bürokraut fürchtet seine Vorgesetzten und seine übergeordnete Dienststelle.

Der Bürokraut fürchtet die Öffentlichkeit. Er will auf jeden Fall vermeiden, daß er zum Gegenstand des Handelns von Politikern und Gerichten wird. Daß die Praxis seines Handelns auch uns, etwa durch die Presse, bekannt wird.

Lehren wir ihn das Fürchten.

Wer sich über einen Bürokraut ärgert, kann sich an dessen unmittelbaren Vorgesetzten wenden.

Wer sich über eine Behörde ärgert, kann sein Anliegen bei der nächsthöheren Behörde vorbringen.

Ein solches Vorgehen macht den Bürokrauts zwar Kummer, aber im Zweifelsfall rechnen sie damit, weil man sich an den Dienstweg, den Instanzenweg hält.

Unser Bestreben muß es sein, uns nicht an Dienstwege zu halten.

Wenden wir uns also an die höchste Stelle, die ein Instanzenzug hat. Sie wird zwar den Vorgang an die zuständige Behörde zurückgeben, aber sie hat doch von dem entsprechenden Vorgang Kenntnis erhalten. Und sie wird sich um die Erledigung der Sache kümmern. Zudem macht es mehr Eindruck auf den Bürokraut, wenn er eine Beschwerde beispielsweise über das Ministerium oder den Regierungspräsidenten auf den Tisch bekommt.

Ein anderer Weg, der noch unangenehmer für den Bürokraut wird, besteht darin, die »demokratischen Gewalten« gegeneinander auszuspielen.

Wer sich über die Verwaltung ärgert, die ja im allgemeinen der Exekutive, der ausführenden Gewalt, zuzurechnen ist, wende sich an Politiker, die die Legislative vertreten, oder an die Gerichte.

Dann tritt vielleicht doch noch ein, was mit der Gewaltenteilung in der Demokratie ursprünglich einmal bezweckt war: Die Gewalten kontrollieren sich, hemmen einander zumindest. Laßt euch ja nicht irre machen, laßt euch nicht ins Bockshorn jagen, wenn Bürokrauts Euch sagen:

»Ihr Fall wird behördenintern geregelt!«

Für euch muß das das Startzeichen sein, euren Fall an die Öffentlichkeit zu bringen. Denn da gehört er hin, wenn die öffentliche Verwaltung etwas zu vertuschen sucht.

Macht euch auf den Weg zur Lokalredaktion einer Zeitung, ruft an bei der Regionalabteilung eurer Rundfunkanstalt, interessiert das Fernsehen für euren Fall. Denkt daran, euren Fall ein wenig schlimmer zu schildern, als er in Wirklichkeit ist, stilisiert ihn zum Skandal hoch, würzt ihn mit pikanten Behördendetails, denn die Medien wollen die Sensation, sonst berichten sie erst gar nicht.

Wenn man es schafft, daß sich ein Journalist mit dem Fall beschäftigt, ist das immer gut für Euch und schlecht für die Behörde. Nutzt die Angst der Behörden und der Bürokrauts vor der Öffentlichkeit aus.

Oft reicht es schon, wenn die Journalisten nur mit der Recherche beginnen. Denn sie werden den Fall auch an andere Dienststellen innerhalb des Behörden»hauses« herantragen. Sie werden beim Presseamt einer Stadt anrufen, Politiker um ihre Meinung bitten. Das wiederum wird Reaktionen auch übergeordneter und nicht beteiligter Behörden auslösen.

Die Folgen für den Bürokraut sind nicht auszudenken. Sie werden zur Katastrophe, wenn er seinen Namen in der Zeitung liest, wenn sein Bild im Fernsehen gezeigt wird.

Wie kaum ein anderer abhängig Beschäftigter möchte der Bürokraut sein Leben in zwei Bereiche aufgeteilt wissen, in den Dienst- und den Privatbereich. Beides trennt er streng voneinander. Obwohl er es nicht verhindern kann, daß die Grundmuster seiner bürokrautischen Verhaltensformen sich auch in seinem Privatleben wiederfinden. Trotzdem. Er sagt: »Ich bin nicht im Dienst!«

Wir tun gut daran, die Privatsphäre des Bürokrauts nicht zu respektieren, ihn auch in seiner Wohnung, seinem Zuhause zu malträtieren.

Seine Adresse finden wir im Telefonbuch, seine Telefonnummer auch.

So kann man ihm Briefe schreiben, die, wenn sie an die »Familie«

des Bürokrauts gerichtet sind, von seiner Frau geöffnet werden dürften, denn, wenn die Post kommt, ist der Beamte ja »im Dienst«.

Man kann auch anrufen, abends oder nachts. So etwas stört nicht nur die Privatsphäre, das kann auch zu Auseinandersetzungen innerhalb der bürokrautischen Familie führen.

Man kann schließlich der Frau des Bürokrauts einen nachmittäglichen Besuch abstatten und persönlich sein Anliegen vortragen. Sie wird sicher Verständnis dafür haben, und sie wird ihren Mann zu einer positiveren Einstellung uns gegenüber bewegen können.

Besonders erfreut wird der Bürokraut über einen abendlichen Besuch sein.

Wer aber seine Schwellenangst überwunden hat, wer die persönliche Konfrontation nicht scheut, der sollte einen Schritt weitergehen und einen Behördenbesuch wagen.

Aug' in Aug' dem Feind gegenüber in seinem Büro. In diesem Büro werden wir unseren Bürokraut selten allein antreffen. Die Angst, ohne Zeugen zu sein, läßt Bürokrauts mindestens zu zweit antreten.

Das mag ihn sicher fühlen lassen, stört uns aber wenig. Überraschen wir ihn. Kommen wir zu einer Zeit, da das Schild an seiner Bürotür jeden Publikumsverkehr untersagt. Das wird ihn ärgern.

Er wird uns fortschicken wollen, doch wir werden sitzenbleiben. Auch wenn er sagt:

»Ich kann Ihnen nicht helfen.«

Und wir werden wieder und wieder unser Anliegen vortragen. Er wird uns schließlich vielleicht aus seinem Büro weisen. Dazu hat er das Recht. Doch das schreckt uns nicht, wir werden vor seinem Büro auf dem Behördengang eine Bank finden und dort weiter warten.

Der Bürokraut wird sein Büro nicht mehr verlassen können, ohne uns zu begegnen. Ein stummes Mahnmal seiner Untätigkeit wird ihm begegnen. Er wird an seiner Entscheidung zu zweifeln beginnen.

Es wird ihm peinlich vor seinen Kollegen, daß da jemand sitzt, der versprochen hat, am nächsten Tag wiederzukommen und, wenn er dann noch nicht tätig geworden ist, am Tag darauf auch.

Er wird, obwohl er das könnte, nicht von seinem Hausrecht Gebrauch machen und die Polizei rufen, um uns »entfernen« zu lassen.

Das würde nicht gut aussehen. Vor allem bei seinen Vorgesetzten nicht.

Er wird handeln müssen. So oder so.

Eine schöne Variante ist es, wenn wir unsere kleinen Kinder mit auf die Behörde ins Büro des Bürokrauts nehmen. Möglichst störrische, »ungezogene« Kinder sollten das sein, die bisweilen laut ihre Stimmen erheben, kreischen, heulen können. Das wird unseren Bürokraut zur Verzweiflung treiben.

Bisweilen, wenn auch selten, kommt es vor, daß wir Geld von einer Behörde zu bekommen haben.

Diese uns zustehenden Zahlungen vom Sozialamt oder vom Finanzamt werden nur äußerst zögerlich geleistet. Man hat manchmal den Eindruck, die Bürokrauts identifizieren sich mit ihren Behörden so sehr, daß sie glauben, es wäre ihr Geld, das sie da auszahlen müßten. Dabei ist es unser Geld.

Und es ist schwer, an dieses Geld heranzukommen.

Laßt euch das nicht gefallen! Mahnt das Geld an. Immer wieder. Verlangt Zinsen, wenn euch zustehendes Geld nicht sofort angewiesen wird.

Und für eure Mühe und Mahnungen stellt der Behörde Mahngebühren, Bearbeitungsgebühren und Säumniszuschläge in Rechnung. Das tun die Behörden auch, wenn sie euch Geld abfordern und ihr nicht umgehend zahlt. Bezahlen werden sie diese in Rechnung gestellten Beträge wohl nicht, aber sie werden ihnen Arbeit und Kopfzerbrechen verursachen.

Der viel häufigere Fall ist, daß Behörden von euch Geld wollen. Sie verlangen das recht barsch und mit amtlichen Vordrucken.

...

Ein anderer nützlicher Tip ist, dem Finanzamt unaufgefordert plötzlich eine kleine Summe Geldes zu überweisen und gleichzeitig in einem Brief zu fragen, warum dieser Betrag gefordert wurde.

Zehn Tage lang wird gar nichts passieren.

Wenn der Computer bei der Finanzverwaltung nach zehn Tagen keine Steuerschuld gefunden hat, wird der Betrag erstattet. Diese Rücküberweisung macht viel Arbeit. Die Anweisung selbst muß sogar von einem Bürokraut persönlich unterschrieben werden.

Der Betrag sollte über fünf Mark liegen (das ist die Zahlungspflichtgrenze) und gerade so hoch sein, daß man ihn nicht übersieht.

Wenn der Betrag zurücküberwiesen wird, fragst du nach, warum er erst angefordert wurde. Bei der nächsten Steuerforderung ziehst Du den Betrag ab und erklärst, daß er bereits gezahlt worden sei!

Man wird viel Arbeit haben, herauszufinden, was da eigentlich los ist.

Wer unverlangt Geld in eine Behörde bringt, macht großen Ärger. Lege einem Brief Rückporto bei, möglichst in Briefmarken. Erkläre in dem Brief ausdrücklich, daß Rückporto beiliegt. Dieses Rückporto wird der Bürokraut mit Deinem Brief zur Poststelle seiner Behörde tragen müssen, es wird verbucht werden müssen und und und.

Oder bei einer gebührenpflichtigen Verwarnung:

Zahle statt der geforderten zehn Mark eine etwas höhere Summe. Die Behörde muß die Überzahlung zurücküberweisen. Was das innerbetrieblich in der Behörde bedeutet, kann ein Außenstehender gar nicht ermessen.

Ist die Überzahlung der Behörde nicht aufgefallen: Anmahnen! Rückfordern! »Ich habe irrtümlich soundsoviel Mark zuviel bezahlt!«

Die Verwaltungskosten werden ins Unermeßliche steigen. Und das wollen wir doch: Behörden arbeitsunfähig machen, damit ihre Uneffektivität noch deutlicher zutage tritt. Die Kosten für die Verwaltung ins Unermeßliche steigen lassen, damit die Bürokrauts und Bürokratie in der Form, in der sie heute existieren, nicht mehr finanzierbar sind.

Zwischen Rache und Spaß liegen die Tips, die Achim Schwarze in seinem Buch »Spaß-Guerilla« gibt. Wir bringen hier einen Auszug:

»Gefälschte Telefonate. Es ist in den letzten Jahren leider zunehmend schwieriger geworden, sich Behörden gegenüber als jemand wichtiges auszugeben. Zuviele schlechte Erfahrungen sind gemacht worden. Dennoch sind schöne Erfolge möglich! Besonders glaubwürdig wirken authentische Hintergrundgeräusche, die in einem echten Büro oder Amt auf Tonbandkassette aufgezeichnet worden sind und nun über die Stereoanlage im Wohnzimmer abgespielt werden. Merke: Wichtige Leute lassen eine Sekretärin die Verbindung erstellen, bevor sie selbst das Gespräch führen! Je wichtiger der Anrufer, desto geringer die Wahrscheinlichkeit, daß der Niemand am anderen Ende der Leitung Zweifel äußert und darauf besteht, zurückzurufen. Apropos Rückruf: Inzwischen stehen überall in Deutschland etliche Telefonzellen, die angerufen werden können. Ghettoblaster mit Büro-Atmosphäre-Kassette aufdrehen, und es kann losgehen! Wer todsicher gehen will, daß kein wirklicher Verdacht aufkommt, ruft von einer Großstadt oder Bonn aus das Opfer in der Provinz an. Die fragen nur nach der Nummer und rufen zurück, ein Telefonbuch zur Sicherungsüberprüfung liegt nicht vor, Auskunft ist zu umständlich.«

Der falsche oder gefälschte Stempel.
Jeder Stempel macht jedes offizielle Dokument oberoffiziell. Kein Befehl ohne Stempel! Durch den Stempel wird sichergestellt, daß unser Schreiben wirklich entgegengenommen wird.

Die Unterschrift.
Wirklich wichtige Leute unterschreiben klotzig, genialisch oder unleserlich, immer aber mit Füller. Der Sachbearbeiter (i. A. Müller, Sachbearbeiter) glänzt dagegen eher durch eine pennälerhafte und entzifferbare Kinderschrift-Unterschrift. Stempel und Unterschrift unterstreichen den Ernst eines Schreibens. Den auffordernden Inhalt solcher Briefe kann man nicht einfach ignorieren. Gedruckte Massensendungen gehen hingegen als reine Information durch.

Gefälschtes Telex.
Der hauptamtliche Hacker kann das Telex-System der Post so weit austricksen, daß er ein Telex an jeden beliebigen Empfänger mit jedem beliebigen gefälschten Absender schicken kann. Aber die Ausbildung zum Hacker ist hart, teuer und gefährlich.

Wir sind schon froh, wenn wir überhaupt mit einer Telex-Maschine umgehen können. Wo immer wir Zugang zu einem Telex-Gerät haben, können wir ein falsches Telex absetzen und die betriebseigene Kopie vernichten.

Telex-Fälschungen aus dem Ausland, besonders der Dritten Welt, lohnen sich eher, weil man hier ungestörter arbeiten kann. Immer gilt: Telex ist was für reine Spezialisten.

Computer-Kommunikation.
Ein Großteil der Datenkommunikation läuft über ganz normale Telefonleitungen. Das Datenmaterial wird mittels eines Modems in ein aufgeregtes Piepen verwandelt, das der Empfängercomputer wiederum in die eigentlichen Daten zurückübersetzt. Wer sich hier einschalten will, muß sich extrem gut mit Computern auskennen. Prinzipiell arbeitet der Hacker von einer selten benutzten Telefonzelle aus, damit man ihn, den Anrufer, nicht in irgendeine Privatwohnung zurückverfolgen kann. Der Hacker braucht neben Wissen und Erfahrung also Münzgeld, einen tragbaren Computer und ein Telefon-Modem. (Literatur: »Die Hacker-Bibel«, Grüne Kraft, Löhrbach.)

Gefälschte Personen.
Immer wieder kommen Personenfälschungen vor. Mathias Walden spricht wie der Kanzler und könnte mit dieser Fähigkeit am Telefon jeden nur denkbaren Unsinn anstellen. Fotomodelle sehen aus wie Prince Charles und Lady Di und lassen sich für geschmackvolle Pornoaufnahmen gewinnen.

Die Personenfälschung wird häufig benutzt und nur selten aufgeklärt. Schlimmster Fall der jüngeren Geschichte: Dr. Kohls Nachbar Scholl, ehemaliger FDP-Vorsitzender von Rheinland-Pfalz. Seine etwas mißliche finanzielle Lage wurde von einer Gruppe radikaler Fälscher zu einem dreisten Raubüberfall benutzt. Sie hatten sich als Scholl verkleidet und einem Juwelier Gewalt angetan. Aber nicht genug damit. Sie übergaben dem armen Scholl einen Teil der Juwelen-Beute zum Privat-Verkauf. Die Brillis fanden sich in Scholls Schweizer Schließfach. Sie lenkten auf diese Art den Verdacht so geschickt auf Scholl, daß dieser im Verlauf des Prozesses sein Heil im Schweigen suchen mußte.

Niemand glaubte ihm mehr; ein perfektes Fälschungsverbrechen.

Stimmimitation am Telefon funktioniert am besten und ist dabei am wenigsten gefährlich. Wer mit falschem Bart ... und gefärbten

Haaren vor Ort erscheint, mag heute, im Nach-Scholl-Zeitalter, nach seinem Ausweis gefragt werden.

Foto-Fälschung.
Wieder wird möglichst dreckige Wäsche gewaschen und ein hübsches Skandalfoto montiert. Wir beschaffen uns zu diesem Zweck einige schmutzige 2nd-Hand-Onaniervorlagen auf dem Flohmarkt und greifen auf unser Prominenten-Bild-Archiv zurück. Besonders schöne Effekte lassen sich auch mit Jugendfotos unserer Gegner erzielen, die sie beim Kriegsverbrechen (1942, für Frauen und jüngere Männer ungeeignet) oder völlig enthemmt auf der Rauschgift-Party anno 1969 zeigen.

Die Montagearbeit übernimmt ein findiger Fotoamateur mit eigener Dunkelkammer. Falls der nicht vorhanden sein sollte, montieren wir selbst am Fotokopierer.

Coupon/Gutschein.
Wir legen unserem Schreiben einen glaubwürdig gestylten Wert-Gutschein bei, den unser Empfänger benutzen soll. Wenn plötzlich Hunderte von Menschen die Gutscheine der »Treue-Aktion« bei Karstadt einlösen wollen, muß sich das Unternehmen etwas einfallen lassen, um schlechte Publicity zu vermeiden. Und wie will z. B. die Tankstelle das Benzin wieder aus dem Tank saugen, das man auf »Geschenk-Coupon« gutgläubig getankt hat?

Einladungs-Karten.
Frei erfundene Veranstaltungen hinterlassen enttäuschte Gäste. Wirksamer allerdings sind Eintrittskarten zu tatsächlich stattfindenden Festivitäten, je exklusiver, desto besser.«

Rache in Geschichte und Literatur – auch zum Nachmachen

Über Ursprung und Entwicklung der Blutrache

Über die Entstehung der Blutrache gibt es eine ganze Menge Vermutungen wie Theorien. Fünf davon seien hier vorgestellt:
1. Totenfurcht, bzw. Totenverehrung
2. sakraler Bereich
3. rationale bewußte Zweckhandlung
4. Gewohnheit nach dem Prinzip des bedingten Reflexes
5. Instinktverhalten

1. Die Blutrache aus der Totenfurcht heraus
Die damaligen primitiven Völker verehrten ihre Toten und versuchten, diese günstig zu stimmen oder ihnen Genugtuung zu verschaffen, wenn ihnen Unrecht geschehen war. Nur so konnte das Erbe beruhigt angetreten werden. »Daß der Erschlagene im Jenseits nicht heimisch werde, solange sein Tod ungerächt ist... schreie nach der Rache und bringe Unglück über seine Familie, wenn sie seinen Wünschen nicht nachkomme.« Die Zahlung einer größeren Summe an die Erben befriedigte den Toten nicht, doch trotz der bestehenden Totenfurcht scheuten sich die Lebenden nicht, die Rache immer häufiger zu verkaufen. Dies lag auch daran, daß die Rache selbst ursprünglich eine Art Schadensersatzfunktion hatte, bei der der Tote an sich eine geringe Rolle spielte. Die Motivation zur Blutrache aus der Totenfurcht heraus ist daher recht fragwürdig.

2. Die Blutrache im sakralen Bereich
Die Völker verstanden sich zugehörig zum Kosmos; wurde diese Einheit gestört, z. B. durch vergossenes Blut, brachte erst das Blut des

Mörders das alte Gleichgewicht wieder. Dagegen spricht allerdings die Feststellung, daß nur die verletzte Sippe etwas gegen den Täter unternahm, niemals die eigene Sippe.

»Wäre es tatsächlich erforderlich, die Befleckung durch Blutschuld zu reinigen, den Stamm und das Land zu entsühnen, die Gottheit zu versöhnen und dadurch ihren Unheil bringenden Zorn zu vermeiden, so müßte es verwundern, daß die Gemeinschaft sich so abwartend verhält und es der verletzten Sippe überläßt, ob sie Rache nimmt oder nicht.«

3. Die Blutrache als rationale bewußte Zweckhandlung

Die Blutrache ermöglicht es, potentielle Gegner zu beseitigen und Feinde aus dem Weg zu räumen. Ob allerdings in frühester Zeit die Gesellschaftsverhältnisse sich schon so komplex ausgebildet hatten, wird bezweifelt.

»Hätte man tatsächlich die Problematik des Einbruchs in die fremde Interessensphäre erkannt, so wäre man wohl auch zu einer besseren Lösung als durch die Blutrache gekommen.«

4. Die Blutrache als Gewohnheit nach dem Prinzip des bedingten Reflexes

Die zum erstenmal vollführte Tat stellt sich nicht als negativ heraus und wird beibehalten. Kommt es zu Wiederholungen, gewöhnt sich die Sippe daran und baut das Verhalten in ihre Lebensweise ein. Da aber die Blutrache sich relativ schnell als unproduktiv herausstellte, z. B. Bestrafung des Täters durch die Justiz, muß man nach einem anderen Ursprung der Blutrache suchen.

5. Die Blutrache als Instinkt

Die früheren Menschen meisterten nur in der Horde oder in der Sippe das Überleben. In psychischer wie in physischer Hinsicht fühlten sie sich als Mitglieder einer Sippe. Das Gebiet, das sie bewohnten, deckte gerade ihren Nahrungsanspruch. Nur Krankheiten oder eindringende Nachbarsippen konnten den Menschen gefährden. Also begann er sich gegen Eindringlinge zu schützen.

»Den Ursprung der Blutrache müssen wir in einem Instinktverhal-

ten erblicken. Dieses Verhalten muß dem frühen Menschen oder vielleicht schon seinem Vorläufer in Folge seiner objektiven Zweckmäßigkeit angezüchtet worden sein.«

Erst als die Sippen sich immer mehr vergrößerten und die ertragreichen Areale sich immer mehr verkleinerten, mußte das »genetische Erbe« wieder abgeschwächt werden, damit es nicht zur Ausrottung der Menschen kommen konnte. Möglichkeiten zur Fehdebeendigung und Fehdebeschränkung wurden entdeckt, z. B. die Tatsache, daß ein Täter bei vielen Völkern durch Überwechseln in die Sippe des Erschlagenen die Fehde beenden konnte. Aber auch die Heirat galt als Schlichtungsmöglichkeit. Interessant ist hierbei, daß bei vielen Völkern die Frau von der Rache ausgenommen wurde, eben wegen der Exogamie (Heirat außerhalb des Stammes).

Darüber hinaus wurde den Frauen nicht zugetraut, die Rache fortzuführen. In Kulturen ausgeprägter Männlichkeit galt es als eine Schande, eine Frau zu töten. Fehdebeendigungen wie Fehdeeinschränkungen konnten also durch Ersetzen der Verluste erzielt werden.

Das heißt, ». . . daß die Blutrache ihrer Funktion nach mehr dem Schadensersatzrecht als dem Strafrecht entspricht.«

URRACHE UND KANNIBALISMUS

Zwei Faktoren waren und sind bei den Naturvölkern entscheidend: Machtbewußtsein und Gedächtnis.

Das Leben der Urmenschen war vom nackten Kampf um das Dasein geprägt. Wer sich nicht verteidigte, sich nicht immer und überall als wehrfähig erwies, mußte zugrunde gehen. Die rachsüchtigsten Stämme, die auch nach langer Zeit ihren Feinden die Schuld heimzahlten, also jeder Zeit ihnen selbst gegenüber zur Vorsicht ermahnten, waren selbstverständlich auch die am besten Geschützten, die am wenigsten Angegriffenen. Sie lebten in relativer Sicherheit, zogen die meisten Kinder groß und wurden deshalb von anderen bewußt nachgeahmt. Ihr Typus mußte sich verbreiten. Die »Wilden« hatten nach Prof. S. R. Steinmetz eine direkte psychische Motivierung zur lang anhaltenden Rachsucht: »Ihr großer bewußter Wunsch, stark zu sein, zu scheinen, ihr ganzes Streben kumuliert in diesem Wunsch, weil diese Kraft ihnen unersetzlich nötig, durchaus unentbehrlich ist. Daher die nicht seltenen grauenhaften Proben der Männlichkeit bei den Indianern der beiden Amerikas. Alles mußte sie erinnern, das Machtbewußtsein ungeschmälert zu erhalten, jede Gefährdung oder Verletzung desselben wurde ihm deshalb immer aufs neue in das Gedächtnis zurückgeführt. Auch der Stamm, die Gemeinschaft war dabei interessiert, daß die Mitglieder den Feinden gegenüber schrecklich, also überhaupt wehrhaft blieben. Daher verhöhnten die australischen Frauen den Mann, welcher sich nicht rächte. Sie sind hier die Stimme der öffentlichen Meinung, welche im Interesse der Gemeinschaft auf dieser Kulturstufe die Rachsucht als erste Tugend von jedem Mann forderte.«

Mit dem Glauben an eine Seele, mit dem Ahnenkult wuchs die Rachsucht. Ursprünglich fehlte natürlich der Seelenglaube ganz, wie jetzt noch bei den Weddah. Man war zufrieden mit der sofortigen Bestrafung des (vermeintlich) Schuldigen mit dem Tod. Doch hatte man den Körper dann begraben, war alles vergeben und vergessen. Es galt die Devise: Aus den Augen, aus dem Sinn.

Die impulsive, leicht befriedigte oder rasch verflüchtigte Rache kommt bei den isolierten Stämmen bzw. den primitivsten vor und hat, wie Steinmetz konstatiert, den Anfang aller Rache gebildet.

Da gingen dann die Kannibalen bereits eine Stufe weiter. Das Fressen von Frauen, Kindern und Alten bereitete den Ethnologen wenig Deutungsschwierigkeiten. Glaubten doch unsere Altvorderen (ähnlich wie heute noch der Islam), daß diese Gruppen keine oder zumindest eine schwächere Seele besitzen.

Schädeljagden, primitive Totenopfer und die Anthropophagie entstanden. Was ersteres anbelangt, so wird der Kopf geraubt, um einen Schutzgeist in dem Toten zu gewinnen. Der Besitz des Kopfes brachte nach damaliger Meinung die Herrschaft über die Seele und ihre Dienste.

Der Tod durch das Gefressenwerden wurde als eine völlige Vernichtung auch des Geistes betrachtet. Ein Widerspruch, denn eigentlich wurde von den Geistern ja Hilfe erwartet. Die einzig mögliche Annahme scheint hier, daß man sich die Rachsucht der Ermordeten und Gefressenen nicht lebhaft vorstellte, was eigene, nicht anhaltende Rachsucht voraussetzt. Doch vor allem beruht dies auf der mangelnden Fähigkeit, sich in das Gefühlsleben anderer einzudenken, einem Mangel an Sym-pathie. Daß das zum Teil von allen Forschern gerade aus der exzessiven Rachsucht erklärt wird, da das Fressen des Feindes meistens in der ersten Hitze der Rachebefriedigung stattfindet, zeigt, daß man dem Problem mit Logistik allein nicht begegnen kann.

Eigenes Bedürfnis, Sitte und Totenkult befestigen und verstärken die Rachsucht unserer Ahnen. Die gewöhnliche Rache hat immer den Schuldigen zum Objekt. Sogar die Blutrache macht hier keine Ausnahme, nur daß hier eine ganze Familie, ein ganzer Stamm als schuldig betrachtet und verantwortlich gemacht wird. Und bei den Naturvölkern trieb die Rache die seltsamsten Blüten. Die *TUPI* zum Beispiel fressen ihr Ungeziefer aus Rachsucht, beißen in den Stein, an dem sie sich gestoßen haben oder in den Schaft des Pfeils, der sie trifft. Die *KUKI* aus Hinterindien zerstören den Baum, dessen Ast einen Menschen erschlagen hat.

Wenn einem *OMAWHAW* die Rache am Täter unmöglich ist, richtet er stattdessen einen Unschuldigen.

Bei der Bestattung eines Verwandten tötet der *LOUCHEUX*-Indianer aus Wut gegen das Schicksal einen Fremden.

Ist ein *NAVAJO* eifersüchtig, läßt er seinen Unwillen am ersten besten aus. Geht ihm seine Frau durch, erfolgt ein wahlloser Mord.

Verletzt sich das Kind eines *AUSTRALNEGERS,* prügelt der Vater auf alle Umstehenden ein, weil er glaubt, hierdurch den Schmerz des Kindes zu lindern.

Ein *DACOTAH,* der bestohlen wurde, bestiehlt irgendeinen anderen. Nach Beschädigung des eigenen Besitzes wird anderer Eigentum vernichtet.

Im Unglück tötet ein *PAPUA* völlig Unbeteiligte, sogar Helfer aus einer mißlichen Situation, weil man diese glücklich wähnt.

Bei den *MAORI* wird nach einem Mord irgendeiner getötet. Wenn ein Kind sich verletzt, plündern die Mutterverwandten das väterliche Dorf.

Bei den *DAGHESTAN* wird, wenn die Todesursache bekannt ist, der nächstbeste umgebracht.

Diese typischen Rachefälle nach einer Schmerzerfahrung hat Prof. Steinmetz so interpretiert: »Unsere Kinder rächen sich in ähnlicher Weise an Tischen, an denen sie sich stoßen, das ist weiter nichts als Hebung des Selbstgefühls und impulsiver Trieb nach Sicherheit durch Vernichtung. Der Naturmensch will nicht vorbeugen gegen künftigen Schaden, noch sieht er genau, ob der Gegenstand seiner Rache die Strafe empfinden kann; die einzige Bedingung ist, daß sein Racheakt ihm die Freuden der Rache gewährt. Der eigene Schmerz wird durch reine Schmerzzufügung ohne Verteidigungs- oder Gerechtigkeitsabsicht aufgehoben; alle diese Rachehandlungen sind rein subjektive Reaktionen, zwecklos und impulsiv vollbracht . . .«

Erst die Erfahrung lehrte allmählich den »Kulturmenschen«, keine Rache ohne praktischen Zweck zu suchen.

FRAUEN UND RACHE

In vielen Kulturen werden die Frauen von der Rache verschont. Dies beruht wahrscheinlich auf dem Prinzip der Exogamie (Heirat außerhalb des Stammes).

Außerdem glaubte man die Frauen verschonen zu können, weil sie allein die Rache nicht fortführen könnten. Daß neuerdings beispielsweise in Sardinien Frauen im Zuge von Racheakten getötet werden, erklärt sich dadurch, daß durch die Einrichtung staatlicher Rechtspflege es auch Frauen möglich wurde, die Fehde fortzusetzen, indem sie sich an die Gerichte oder an die Polizei wenden.

In Kulturen mit ausgeprägtem »Machotum« gilt es jedoch weiterhin als in höchstem Grade erbärmlich, eine Frau zu töten. Dazu kommt, daß einige Völker offensichtlich erkannt haben, daß wechselseitige Heiraten geeignet sind, Fehden einzudämmen. So ist auch die bei einigen Völkern praktizierte Sitte zu verstehen, den Schlichtungsvertrag durch eine Heirat zu besiegeln. Dadurch, daß bei solchen Heiraten die Frauen häufig ohne Zahlung des Brautpreises »in den Besitz der verfehdeten Familie übergehen«, könnte man auch von einem »Rachekauf« sprechen. In anderen Fällen wird ein Bußgeld gezahlt, und die Heirat dient in erster Linie als symbolische Festigung des Friedens.

Siehe Faksimile Seite 109

DIE RACHE IN DER GRIECHISCHEN MYTHOLOGIE

Vieles, was heute selbstverständlicherweise zur naturwissenschaftlichen Allgemeinbildung gehört, gab dem Menschen der Antike noch unlösbare Rätsel auf: Für ihn waren es unerklärliche Naturgewalten, die ihn tagtäglich bedrohten, denen er auf Gedeih und Verderb ausgeliefert schien! Um diesen Kräften ein Stück Dämonie und Unverständlichkeit zu nehmen, wurden sie in der griechischen Mythologie mit unterschiedlichen Götternamen benannt. Als Abbild des irdischen Weltbildes entstand der Olymp und mit ihm Gottheiten, die in ihren Charaktereigenschaften denen der Menschen glichen. Sie waren also nicht nur schützende, bewahrende, helfende, sondern auch zornige, zerstörende Götter und Göttinnen. Eine ihrer besonderen Spezialitäten, die Rachsucht, immer wieder neue Vergeltung entfachend, richtete sich in erster Linie gegen ihresgleichen, betraf jedoch in den Auswirkungen oft auch das Menschengeschlecht. Doch bevor wir ein paar Kostproben davon zum besten geben – wie nahm die Rache ihren Anfang? Der griechische Dichter Hesiod erzählt um 700 v. Chr. folgendes:

Gaia, die Mutter der Erde, gebahr mit ihrem »Gattensohn« Uranos, dem Himmel, die Titanen und Titaninnen. Eines Tages wurde Uranos auf seine Kinder – aus welchen Gründen auch immer – eifersüchtig. Deshalb versuchte er weitere Nachkommen zu verhindern, indem er diese in den Leib Gaias brutal zurückstieß. Rasend vor Schmerz und Zorn sann diese auf Rache. Der Sohn Kronos sollte ihren Vergeltungsplan ausführen. Deshalb bekam er von ihr eine Sichel in die Hand, mit der Uranos bei der nächsten Gelegenheit kastriert werden sollte. Und so geschah es denn auch, als Uranos zu seinem Liebesstündchen bei Geia nichtsahnend eintraf.

Diese Entmannung blieb natürlich nicht folgenlos. Aus den dabei zu Boden strömenden Blutstropfen entstanden die sogenannten Erinnyen (oder auch Furien), Zorn- und Rachegeister, die fortan ihr Wesen bzw. Unwesen trieben. Es werden immer wieder drei verschiedene Rachegöttinnen erwähnt: Allekto, die »Unaufhörliche, Unablässige«, Tisiphone, die »Vergeltende, den Mord Rächende« und Megaira, diejenige mit »neidischem Zorn«. Häßlich sollen sie alle gewesen sein, die geflügelten oder auch flügellosen weiblichen Raffgeister mit ihrer unerträglich penetranten Ausdünstung. Sie waren unter der Erde, in der Unterwelt, zu Hause. Die Erinnyen rächten im Auftrag der Götter verschiedene, Müttern zugefügte Verfehlungen, seien es Beleidigungen oder Mord und Totschlag etc. Demnach vertraten sie vor allem, ganz gleich, ob rechtmäßig oder unberechtigt, die Ansprüche, das Recht der Mutter. Auf ausgesprochen subtile Art und Weise nahmen sie an ihren Opfern Rache, indem sie diese bis zum Wahnsinn trieben. Fast wäre ihnen dies auch bei Orest gelungen, der, um den Mord an seinem Vater zu sühnen, auf Befehl des Gottes Apollon, seine Mutter Klytaimnestra ermordete. Auch Klytaimnestra hatte aus Rache gehandelt, als sie ihren Gatten Agamemnon – frisch aus dem Trojanischen Krieg zurückgekehrt – im Bade mit einem Beil hinterhältig erschlug. Hatte Agamemnon sie nicht all die Jahre über alleine zurückgelassen und betrogen?! – Doch zurück zu Orest: die Rachegöttinnen verfolgten ihn gnadenlos, und beinahe wäre er darüber wahnsinnig geworden, hätte sich nicht Athene, als Tochter des gewaltigen Zeus eine Göttin mit großem Einfluß, auf seine und ihres Bruders Apollon Seite gestellt. Ihr gelang es, die Erinnyen zu besänftigen. Und so wurde der Held Orest gerettet und geläutert.

Neben den Erinnyen, die immer dort auftauchten, wo Mutterblut vergossen wurde, existierte eine weitere Rachegöttin mit dem Namen Nemesis, was soviel wie »gerechter Zorn« bedeutet. Ihre Wut richtete sich gegen diejenigen, die eine Ordnung, besonders die Ordnung der Natur, durchbrachen und ihre Regeln und Normen verletzten.

(Würden die Menschen heute noch an die Poly-Theogonie des Dichters Hesiod glauben, so könnte man all denen, die an der Umwelt- und Naturzerstörung teilhaben, warnend zurufen: »Hütet euch vor der Nemesis!« Vielleicht würden sie dann eher verstehen, daß sich die Natur für das, was ihr angetan wird, bitter rächt.)

Mit Nemesis hatte Zeus, Schürzenjäger Nr. 1, der hinter jedem Rockzipfel herlief, jedenfalls so seine Schwierigkeiten. Die Göttin floh vor ihm, sie dachte gar nicht daran, sich mit dem Göttervater zu vereinigen. Aus Scham und von gerechtem Zorn gequält, verweigerte sie sich Zeus, der darauf nur um so heftiger entflammte und sie zu Lande und zu Wasser verfolgte. Letztlich nutzte es Nemesis nichts, sich beispielsweise im Meer in einen glitschigen Fisch zu verwandeln. Zeus kriegte sie schließlich doch noch. In Gestalt eines Schwanes vereinigte er sich an Land mit der als Gans getarnten Nemesis. Das daraus entstandene Ei barg das schönste Weib der Erde, Helena, die für die Menschen eine so verhängnisvolle Rolle spielen sollte, denn ihretwegen entbrannte der jahrelange Krieg um Troja.

Zeus trieb es mit allen Frauen, die ihm gefielen, ganz gleich, ob in ihnen göttliches oder menschliches Blut pulsierte. Wie man sich denken kann, zog er damit immer wieder den rasenden Zorn seiner eifersüchtigen Göttergattin Hera auf sich, wovon hinreißende Geschichten überliefert sind. Sie verstand es, sich auf das trefflichste dafür zu rächen. Nicht, daß sie ihm Gleiches mit Gleichem vergolten hätte, das wäre ihrem Stil nicht gemäß gewesen. Außerdem war sie viel zu sehr das Musterbild an Keuschheit, die treuergebene Ehefrau, die vermutlich nicht allzuviel von sexueller Libertinage hielt. Ihre Rache war indessen weitaus geschickter. Indirekt übte sie an Zeus Vergeltung, indem sich ihre Rachsucht an ihren Rivalinnen und deren Nachkommen gütlich tat. Dabei traf es nicht nur die aktuellen Geliebten ihren Mannes, sondern auch diejenigen, mit denen er sich vor der Hochzeit vergnügt hatte. So bekam z. B. Leto, mit den Zwillingen Apollon und Artemis schwanger, Heras Rache hart zu spüren. Hera wußte, daß die Kinder dieser Rivalin einst ruhmvoller und bedeutender würden als ihre eigenen. Daher veranlaßte sie, daß kein Land, in dem die Sonne schien, die Schwangere aufnehmen durfte. Die Geburt der Zwillinge vermochte Hera letztendlich nicht zu verhindern. Allerdings loderte ihre Rachbegierde nach wie vor. Aus Ärger über den mißglückten Racheakt beauftragte sie den Riesen Tityos, sich an Leto zu vergehen. Zum Glück kam eines der Kinder, Artemis oder Apollon, zu Hilfe und durchbohrte das Monster, noch ehe es die Mutter vergewaltigen konnte. Heras Rachedurst war unersättlich. Wehe dem, der sich mit ihr anzulegen versuchte! Denn selbstverständlich bezog sich ihr Vergeltungstrieb nicht nur auf die Freundinnen von Zeus.

Side, die erste Frau des Riesen Orion, verglich einmal leichtsinnig ihre mit Heras Schönheit. Prompt bat Hera ihren Mann – aus Wut über eine solch bodenlose Frechheit –, Side in die Unterwelt zu stoßen. Zeus erfüllte seiner Frau diesen Wunsch.

Als Hera wieder einmal Zeus wegen seiner zahllosen Ehebrüche Vorwürfe machte, behauptete er zu seiner Verteidigung, daß sie, wenn er mit ihr schliefe, mehr Spaß daran hätte als er. Denn Frauen erlebten seiner Meinung nach in Liebesverbindungen mehr Freude als Männer. Hera war natürlich vom Gegenteil überzeugt. Zur Schlichtung dieses ehelichen Streites riefen sie Teiresias herbei. Auch er sprach vom größeren Lustempfinden der Frau und verlor im sogleich erfolgenden Racheakt Heras sein Augenlicht. Um den Schaden wieder gutzumachen, erhielt er von Zeus dafür die innere Sehergabe und ein auf sieben Generationen verlängertes Leben.

Die griechische Mythologie ist voll von göttlichen Racheaktionen. Erinnert sei allein an Sysiphos, Tantalos oder Prometheus, die sich gegen den Götterwillen gestellt und somit ihren Zorn heraufbeschworen hatten. Und so ereilte diese die Götterrache: Sisyphos mußte sein Leben lang einen Stein den Berg hinaufwälzen, ohne an sein Ziel zu gelangen; Tantalos litt, mitten im Wasser stehend, umgeben von den üppigsten Obstbäumen, Hunger und Durst, weil er an die Nahrung nicht heranreichte; Prometheus schließlich traf ein ähnliches Schicksal wie Tityos: Festgebunden, wurden beide von einem Adler angegriffen, der ihre immer wieder mit dem Mond nachwachsende Leber zerfraß.

Ohne die Rache der Göttinnen und Götter hätte es nie einen Trojanischen Krieg gegeben, hätte Odysseus niemals seine Irrfahrt angetreten, und was wäre der Olymp überhaupt ohne die vielen kleinen oder auch größeren Vergeltungsakte?

THEOLOGIE UND VERGELTUNG

Der Vergeltungsgedanke spielt in der morgenländischen Theologie keine so gewichtige Rolle wie in der abendländischen, die durch ein stärkeres rechtstaatliches Denken geprägt ist. Deshalb haben wir uns weitgehend auf die Rache im Christentum beschränkt.

Das Judentum ist auf Vergeltungsglauben aufgebaut, es entspringt einer regelrechten Vergeltungslehre. Auch das Neue Testament übernimmt den jüdischen Grundsatz »Maß gegen Maß, wer richtet, wird von Gott gerichtet, wer vergibt, dem vergibt Gott.« Es greifen also Vergebung und Vergeltung ineinander über, wobei Vergeltung nicht nur im strafenden Sinne gesehen wird. Erst seit der Reformation gilt Vergeltung durch das Ausscheiden des Verdienstgedankens aus der Heilslehre nur noch in negativer Bedeutung. Der Gerechtigkeit halber muß Gott in jedem Fall Sünde bestrafen, denn dieser ist sowohl barmherzig als auch gerecht. Göttlicher Vergeltung ist jedoch in der Vergebung eine Grenze gesetzt. Der Vergeltungsgedanke besage – so R. Mehl –, daß menschliche Gemeinschaft auf dem Austausch von Leistung und Gegenleistung beruhe. Vergeltung selbst sei im positiven Sinne eine Art Belohnung für erwiesene Wohltat.

»In ihrer negativen Form als Bestrafung erinnert sie den betroffenen einzelnen daran, daß er der Gesellschaft für eine ihr verweigerte Dienstleistung« – oder zugefügtes Unrecht – »haftbar ist. Unabhängig von persönlichen und egoistischen Interessen und ihren Konflikten stellt die Gesellschaft die unablässige Forderung nach Leistungsaustausch dar. Vergeltung ist die fortgesetzte Erinnerung an diese Forderung zur Gegenseitigkeit.«

»Vergelt's Gott!« (Bayerischer Dank)

DIE BIBELRACHE

»Die Rache ist mein«, spricht der Herr. Wem wäre dieser Satz aus dem 5. Buch Mose wohl nicht geläufig!

Besonders das Alte Testament der Bibel strotzt nur so von Racheakten Gottes. Er ist nicht nur der Barmherzige, Vergebende, Liebende, er ist vor allem auch der Zornige, Strafende, Richter und Rächer, der diejenigen auf das härteste verfolgt, die sich seinen Regeln, Gesetzen, Geboten, also seinem Willen, nicht fügen, die es wagen, die göttliche Allmacht in Zweifel zu ziehen. Unerbittlich schickt er seine Plagen, den Tod über die Abgefallenen, Gottlosen, wenn sie nicht zur Umkehr gewillt sind. Rache dient der Absicherung seiner Herrschaft, sie ist ihm allein vorbehalten, den Menschen untereinander nicht gestattet, es sei denn, sie »verteidigten« in seinem Namen den gottgegebenen Glauben.

Die christliche Lehre hat ihr Verlangen nach Selbstjustiz sublimiert, indem Gott, der Vergebende, gleichzeitig auch mit dem Verlust der Ewigkeit bestraft; dadurch ist der einzelne seiner Verpflichtung zur Rache enthoben.

Schon im Paradies, nach dem Sündenfall, bei dem sich Adam und Eva nicht an die getroffene Abmachung hielten, rechnete Gott auf seine Art mit ihnen ab:

> 1. Mose, Kapitel 3
> »Da sprach Gott der Herr zu der Schlange: Weil du solches getan hast, seist du verflucht vor allem Vieh und vor allen Tieren auf dem Felde. Auf dem Bauche sollst du gehen und Erde essen dein Leben lang.
> Und ich will Feindschaft setzen zwischen dir und dem Weibe und zwischen deinem Samen und ihrem Samen. Derselbe soll dir den Kopf zertreten, und du wirst ihn in die Ferse stechen.
> Und zum Weibe sprach er: Ich will dir viel Schmerzen schaffen, wenn du schwanger wirst; du sollst mit Schmerzen Kinder gebären; und dein Verlangen soll nach deinem Manne sein, und der soll dein Herr sein.
> Und zu Adam spach er: Dieweil du hast gehorcht der Stimme dei-

nes Weibes und gegessen von dem Baum, davon ich dir gebot und sprach: Du sollst nicht davon essen, – verflucht ist der Acker um deinetwillen, mit Kummer sollst du dich darauf nähren dein Leben lang.
Dornen und Disteln soll er dir tragen, und sollst das Kraut auf dem Felde essen.
Im Schweiße deines Angesichts sollst du dein Brot essen, bis daß du wieder zur Erde werdest, davon du genommen bist. Denn du bist Erde und sollst zur Erde werden.

1. Es wird überliefert, in einer Schlacht gegen die Amalekiter nahm Saul, erster König von Israel, deren König Agag gefangen. Da er ihn und das eroberte Vieh nicht wie alle anderen Leute Agags erschlug, zog Saul den Zorn Samuels auf sich. »Dieser sprach zu Saul: Weil du das Wort des Herrn verworfen hast, verwirft er dich als König« (1. Sam 15,23) und zu Agag: »Wie dein Schwert die Frauen um ihre Kinder gebracht, so sei unter den Frauen deine Mutter kinderlos gemacht.« (1. Sam, 15, 32–33)
Selbst die Reue Sauls half nicht, Samuel salbte in Bethlehem seinem Auftrag gemäß David, den jüngsten Sohn Isais, zum König über Israel.
2. König David hatte in Hebron ein Friedensabkommen mit Abner geschlossen, um den Krieg zwischen seinem und dem Hause Sauls (durch Abner vertreten) zu beenden. Als Joab, der Vertreter des Hauses David – von seinen Streifzügen zurückgekommen – davon erfuhr, rief er Abner ohne Davids Wissen zurück und ermordete ihn aus Rache für den Tod seines Bruders Asaël und um damit gleichzeitig einen potentiellen Rivalen zu beseitigen. Der Mord an dem unter dem Königsschutz Ischbaals stehenden Abner wurde zunächst David angelastet, wodurch dessen Stellung gefährdet schien.
Zwei Männer seiner Truppe nutzten die Bestürzung am Königshof Ischbaals und ermordeten diesen eigenmächtig. Als die Königsmörder den Kopf des Ermordeten David brachten, insgeheim eine hohe Belohnung erwartend, wurde ihnen diese Tat mit der Todesstrafe vergolten.

In der Bibel finden sich viele solcher überlieferten Geschichten über Königsmorde, die Vergeltungsmaßnahmen zur Folge hatten. Die beiden hier ausgewählten Beispiele fallen ein wenig aus dem Rahmen: Denn im 1. setzte sich König Saul ins Unrecht, indem er (gegen den Willen Gottes) seinem Gegner das Leben ließ, und im 2. konnte sich der am Königsmord unschuldige David nur damit aus der Affäre ziehen, indem er selbst den durch seine Leute verursachten Mord rächte.

BLUTRACHE, FEHDE UND KRIEMHILD – DIE ZUSTÄNDE IM MITTELALTER

Die Rache für vergossenes Blut wird zum erstenmal von Luther in seiner Übersetzung des Alten Testaments (1523) als Blutrache bezeichnet.

Deutsche Urkunden und Gesetze aus dem Mittelalter geben unzweideutig Beleg, was darunter zu verstehen war:

Ein Mann tötet einen anderen. Von diesem Augenblick an hat die Familie (Sippe, Hausgemeinschaft) des Getöteten die umumstößliche Pflicht, die Tat zu rächen. Kann sie den Mörder (Totschläger) fassen, so wird der erschlagen. Die Blutrache richtet sich jedoch nicht nur gegen den Täter. Sie gilt auch für dessen Verwandtschaft. Ist einer seiner Angehörigen leichter oder schneller zu erwischen, so trifft ihn die Rache. Möglichst sollte es der Erbe oder Angesehenste der anderen Sippe sein. Auch hat nicht nur einer aus der Familie des zuerst Getöteten das Recht, die Blutrache auszuüben, sondern jeder, der in einem festgelegten verwandtschaftlichen Verhältnis zum Toten steht. Der Verlust hat die Sippe als ganze getroffen. Ergo muß auch die gesamte Gemeinschaft für Vergeltung sorgen. Es gibt Quellen, die von einer Verwandtschaft bis zum 7. Grad sprechen (Sachsenspiegel, Augsburger Stadtrecht von 1276 etc.). Andere Quellen lassen nur eine Verwandtschaft bis zum 4. Grad gelten.

Für eine Untersuchung der Blutrache ist a priori ihre Trennung von der ritterlichen Fehde notwendig. Die Blutrache kann von jedermann vollzogen werden. Sie erwächst einer eigenen Anschauung von Recht, unberührt durch einen öffentlichen Rechts- oder Strafanspruch. Sie findet gewöhnlich nur bei Blutschuld Anwendung. Doch kann ihr Anlaß auch schwere Kränkung oder Beleidigung sein. Einer formellen Absage der Rache bedarf es nicht. Erst im späten Mittelalter wird durch den Einfluß der Ritterfehde gelegentlich auch eine Rache formell für beendet erklärt. Die Fehde ist erst seit der fränkischen Zeit bekannt. Sie ist ein rechtliches Mittel, das als Ausgleich für jedwedes begangene Unrecht angewendet werden kann. Zunächst kann sich jeder Freie der rechtlichen Fehde bedienen. Dann aber wird zur Beschränkung der Willkür für die Bauern und Bürger immer wieder mit dem Verbot des Waffentragens auch das Fehdeverbot ausgesprochen. Nur den ritterlichen Geschlechtern und gelegentlich auch Bürgern bleibt dieser Weg bis 1495 (rechtlich) offen. Die Fehde ist also Teil des mittelalterlichen feudalen Lehnsrechts.

Das Motiv für Blutrache in der deutschen Vorzeit ist erwähnt in Tacitus' »Germania«; er führt aus, daß die Germanen Rache für den Totschlag (als einzigen Grund) an einem Verwandten üben. Erst ab der Zeit des Nibelungenliedes werden die Quellen der Forschung ergiebiger. Dabei ist auffällig, daß sich die Blutrache hauptsächlich in den Randgebieten des Reiches abspielte. Sowohl die geografische Lage als auch die Art des dort lebenden Menschenschlages lassen folgende Rückschlüsse zu: Die Härte der Lebensbedingungen im Gebirge und am Meer hat eine besondere Strenge der Auffassungen hervorgerufen. Hinzu kommt eine eigenständigere Verwaltung und Gerichtsbarkeit.

Die deutsche Heldenepik bietet eine breite Palette an Kampf, Fehde und Blutrache. Die Kämpfe gelten der Wiederherstellung der Ehre oder dem Ausgleich eines Schadens. Das älteste Beispiel für die Folgen eines Totschlags (noch vor der Zeit der Heldenepik, in der lateinischen Vorform) steht im Waltharius des Mönchs Ekkehard I. von St. Gallen.

Walther ist mit Hildegund auf der Flucht vom Hofe Etzels. Bei Worms verstellt ihnen Gunther den Weg und läßt nach ihrem Begehr fragen. Gamalo, der Bote, drängt auf Streit, während Walther sich zurückhält. Dennoch kommt es zum Kampf, in welchem Gamalo fällt. Als dessen Neffe dies sieht, wird er sich seiner Verwandtenpflicht bewußt: Ihm ist vor allen anderen die Aufforderung zur Tat zugefallen. Entweder wird er den Onkel rächen oder sterben. Er reitet gegen Walther an mit den Worten: vitam cognati quaero perempti.

Das ist die knappe Schilderung eines Blutrachevorganges: Ein Verwandter hat für den anderen einzutreten.

Im Nibelungenlied werden wir dann zum ersten Mal mit einem neuen Aspekt konfrontiert: der Frauenrache.

Kriemhild ist seit der Ermordung ihres Mannes Siegfried durch

Hagen von Tronje nur von einem Gedanken beseelt: dem der Rache. Sie legt ihren Racheplan ungewöhnlich überlegt und weitläufig an.

Nach ihrer Heirat mit dem Hunnenkönig Etzel lädt sie die Burgunden an den Hof. Sie erreicht, daß Hagen seine Herren begleitet. Hagen weiß, was ihm blüht und fordert Kriemhilds Rache noch provokativer heraus: Er legt Siegfrieds Schwert auf seine Knie und bekennt sich erstmalig dazu, Siegfried erschlagen zu haben. Sofort verlangt die Königin von ihren Leuten Hagens Tod. Doch diese ziehen sich erst einmal zurück. Der Rest der Dichtung ist eine einzige Folge von Rachetaten.

Auf dem Höhepunkt des Geschehens erschlägt die Frau den Mörder ihres Mannes mit dessen Schwert. Ein einmaliger Vorgang in der Geschichte bis zu diesem Zeitpunkt. Doch wie konnte es anders sein: Hildebrand, der Waffenmeister, stellt das Rechtsempfinden der Zeitgenossen wieder her, indem er Kriemhild erschlägt. Eine Rache durch Frauenhand kann nicht zugelassen werden.

Daher ist auch nicht verwunderlich, daß König Etzel den Tod seiner Frau nicht rächt. Hildebrand bleibt unbehelligt.

BLUTRACHE

In dem süditalienischen Dreiseelendorf Seminara wurden in den letzten drei Monaten des Jahres 1971 und den ersten drei Monaten des Jahres 1972 sechs Männer getötet. Sie wurden die Opfer einer Blutrache, die sich zwichen den Familien Gioffré und Pellegrino abspielt und inzwischen das ganze Dorf in zwei Lager gespalten hat. Seit 1945 sind in Seminara 41 Männer umgebracht worden, die in den Krieg der beiden Großfamilien um den Olivenhandel verstrickt waren.

Auch hier lautet das Gesetz der Blutrache: Jede Beleidigung muß mit dem Blut eines Angehörigen der anderen Sippe gerächt werden. Jeder Mord provoziert einen neuen Mord.

Der Kampf um das Monopol im Olivenhandel entbrannte in seiner letzten Phase am 17. September 1971, als der junge Giuseppe Pellegrino in einer Bar einen aus der Gioffré-Sippe frotzelte: »Ihr Gioffrés macht uns keine Angst!« Er bekam dafür eine Ohrfeige, zog darauf seine Pistole und erschoß den Familienboß Domenico Gioffré.

Am 7. Oktober 1971 kam schon die Rache: Ein Gioffré, der unerkannt blieb, erschoß auf offener Straße den 32jährigen Rocco Pellegrino. Noch am Abend des gleichen Tages wurde der 59jährige Pellegrino-Freund Antonio Pietropaolo von einem anderen Gioffré erschossen. Am 10. Oktober 1971 mißlang ein Attentat auf Antonio Pellegrino, der durch Schüsse in seinen fahrenden Wagen von einem Gioffré hatte umgebracht werden sollen.

Am 14. November holten die Pellegrinos wieder zum Racheakt aus: Ein Sippenmitglied näherte sich von hinten dem Rentner Domenico Gallico, der auf dem belebten Marktplatz des Dorfes an einem Baum lehnte. Mit den Worten: »Du brauchst dich nicht umzudrehen! Du stirbst jetzt« wurde er mit fünf Revolverschüssen niedergemacht. Sein Delikt: Er war Freund der Sippe der Gioffrés.

Am 19. November ging es weiter. Abermals war die Sippe der Pellegrinos am Zug: Einer von ihnen trat an den Wagen von Gaetano Gioffré, in dem auch seine Verlobte und deren drei Freundinnen saßen, zog die Pistole und tötete ihn durch einen Schuß in den Nacken.

Über den Winter 1971/72 übten sich die verfeindeten Familien in den Weinbergen rings um das Dorf im Zielschießen. Da schlug am 19. März 1972 ein Boß der Gioffrés, Domenico, zu und tötete den 32jährigen Vincenzo Pellegrino. Wie immer konnten auch bei diesem Mord die Täter unbekannt in den Wäldern und Bergen um Seminara entkommen. Der vorläufig letzte Blutrachemord ereignete sich am 23. März 1972, als Vincenzo Gioffré den 40jährigen Pietro Pellegrino vor der alten Dorfkirche niedermachte.

Täter eines solchen Blutrachekampfes zu ermitteln, ist außerordentlich schwer. Tatzeugen gibt es so gut wie nie. Aus Angst, als Freund des einen oder anderen Clans abgestempelt und vielleicht auch getötet zu werden, ziehen es die Augenzeugen immer wieder vor, nichts gesehen zu haben.

Siehe Faksimile Seite 109

WIE FRAUEN SICH RÄCHTEN UND RÄCHEN

Rache ist nicht nur Männersache! In der Mythologie, Legende und Geschichte waren es genauso auch Frauen, die sich rachsüchtig verhielten. Hera war z. B. der Prototyp einer weiblichen Rächerin... Oder Kriemhild aus dem um 1200 entstandenen Nibelungenepos, die sicherlich keine typische Verhaltensweise einer mittelalterlichen Frau repräsentierte, der immerhin aber Rachenahme zugebilligt wurde. Eine Ausnahme blieb sie allerdings doch, denn die mittelalterliche Literatur weist keine ähnlich explizit rachsüchtigen Frauentypen auf.

Legende und Mythologie überhöhen das, was die profane Erfahrung bestätigt! Nicht umsonst fürchteten die grausamsten Unterdrücker in der Geschichte die Rache der Unterdrückten. Vielleicht wird Frauen deshalb gerne nachgesagt, sie neigten zur Rachsucht, weil sie in der Menschheitsgeschichte oft genug gedemütigt, mißhandelt und unterdrückt wurden. Die Hexenverfolgungen des 16. und 17. Jahrhunderts sind ein extremes Beispiel hierfür:

Bis zum ausgehenden Mittelalter waren Frauen nach und nach aus qualifizierten Berufen gedrängt, erneut auf ihre Rolle als dienende Ehefrau und Mutter verwiesen worden. Möglicherweise drückt sich in der Grausamkeit und Systematik, mit der vorwiegend Frauen als Hexen verfolgt wurden, die Angst der Männer aus vor der Rache der in ihren Rechten zurückgedrängten Frau. Jedenfalls starben viele Frauen in den folgenden Jahrhunderten unschuldig einen qualvollen Feuertod; ihnen hatte man nie verübte, fiktive Vergehen zur Last gelegt und ihnen außerdem dafür rachsüchtige Motivationen unterstellt.

In einer Zeit, in der weibliche Tugendhaftigkeit und Jungfräulichkeit vor der Ehe hochgehalten wurden, verschwanden Frauen, die verführt, verlassen und mißbraucht wurden, angesichts eines rigiden gesellschaftlichen Moralverständnisses oftmals stillschweigend in einem Leben der Schande. Einige jedoch schlugen zurück. Dabei bedienten sie sich für Frauen fast schon außergewöhnlicher Methoden. Da entwickelten sich Frauen zu versierten Giftköchinnen, aber auch dem Erschießen, Erstechen, Strangulieren oder Aufschlitzen von Kehlen zeigten sie sich im Extremfall nicht abgeneigt. In den

Siehe Faximile Seite 109

Augen der Öfentlichkeit wirkte eine solche Tat doppelt schockierend, weil sie vom weiblichen Geschlecht verübt worden war: Kam es zum Strafprozeß, so erfolgte damit die zweite, nun aber öffentlich stattfindende Demütigung, denn »gefallene« Frauen blieben sie allemal. Sie waren für ihr weiteres Leben zugrunde gerichtet. Anders als bei den Männern, denen Vergeltungsmaßnahmen für erlittenes Unrecht ruhmvoll angerechnet werden konnten, wuschen Frauen durch einen Racheakt ihren Namen nicht wieder rein, und als Heldinnen wurden sie dadurch natürlich auch nie erhöht. Im günstigsten Fall durften sie mit einem milden richterlichen Urteil rechnen, da bei ihnen kein Verdacht auf eine Wiederholungstat gegeben war (entehrt werden konnte eine Frau nämlich nur einmal!), und somit bedrohten sie weder Staat noch Gesellschaft.

Ann Jones stellte in ihrem Buch »Frauen, die töten« fest, daß Eifersucht, Habgier oder ähnliches nicht zu den häufigsten Tatmotiven von Mörderinnen zählen. Oft waren es Angstreaktionen, Notwehr oder das Aufbegehren gegen männliche Gewalttätigkeiten in einer unerträglich gewordenen Ehe, manchmal aber auch, um sich eines unliebsam gewordenen Ehemannes zu entledigen. Frauen sind also durchaus zu Rache- und Gewalttaten fähig! – Oder könnte es vielleicht nicht doch sein, daß Frauen von Natur aus weniger zu Aggression, Rachsucht, Gewalttätigkeit neigen, wie allgemein so gerne angenommen wird?

Margarethe Mitscherlich schreibt in ihrem 1985 erschienenen Buch »Die friedfertige Frau«:

»Mit Recht hat Simone de Beauvoir darauf hingewiesen, daß man nicht als Frau geboren, sondern zur Frau gemacht wird, d. h. gesellschaftliche Vorurteile bestimmen, wie eine Frau zu sein hat. Die Erziehung eines Mädchens unterscheidet sich immer noch weitgehend von der des Knaben; die Erwartungen, Hoffnungen, Einschränkungen und Rollenvorschriften, die der Frau von der Gesellschaft, wenn auch in sich widerspruchsvoll, nahegelegt werden, unterscheiden sich grundlegend von den Forderungen, denen sich Männer anpassen müssen.«

Aus der psychoanalytischen Praxis ist bekannt, daß bei beiden Geschlechtern von Geburt an aggressive Potentiale existieren bzw.

jederzeit aktiviert werden können, die eine wichtige Rolle bei der Abgrenzung und Individuation des Kindes spielen. Lediglich darin, wie aggressive Impulse oder Triebregungen verarbeitet werden, liegt der Unterschied. Diese Verarbeitung ist erziehungs- und sozialisationsgesteuert. Männer lernen im allgemeinen ihre Aggressionen eher auf Sündenböcke zu projizieren, während sich bei Frauen tendenziell eine Introduktion, ein gegen sich selbst Wenden der Aggression, zeigt.

Das »Opfer- und Unterwerfungsweib« und der »Angriffs- und Zerstörungsmann«, seit Jahrhunderten eingeschliffenes Verhaltensmuster, Pole, die einander bedingen! Mischformen gab es und gibt es natürlich auch. Frauen verhalten sich generell friedfertiger als Männer, nicht, weil sie es von Natur aus sind, sondern sie sind nur besser angepaßt und vermögen daher ihre aggressiven Regungen im allgemeinen nach außen hin weniger auszuleben. Daß sie die hohe Kunst hinterlistiger, tückischer, abgründiger Rache dennoch perfekt beherrschen, kann fast täglich in den Boulevardblättern nachgelesen werden.

Wenn Männern Rache zugestanden wird, warum sollten Frauen ihre Rachegelüste nicht ausleben dürfen! Es muß ja nicht gleich die brutalste Vergeltungsform, nicht gleich Mord und Totschlag sein, vielleicht geht es auch auf originelle Art:

Sabine war in Klaus, der in einer anderen Stadt lebte, heftig verliebt. Er hatte ihr gegenüber ebenfalls Gefühle der Sympathie geäußert. Welche Enttäuschung aber dann, daß er sie an einem gemeinsam geplanten Wochenende ohne abzusagen versetzte. Als sie ihrer Freundin Renate am nächsten Tag beim Kaffeetrinken ihre Wut darüber gestand, kam sie im Laufe des Gesprächs auf den Gedanken, sich an Klaus zu rächen. Gemeinsam setzten sie einen Brief auf, in dem die Tatsache, daß Sabine das ganze Wochenende umsonst zu Hause gesessen hatte, übergangen, völlig ignoriert wurde. Vielmehr entschuldigte sich Sabine dafür, daß sie selbst am Wochenende außer Haus, folglich gar nicht erreichbar gewesen sei. Ihrerseits kündigte sie nun einen Besuch bei Klaus an mit der Bitte, sie am Bahnhof abzuholen. Den Termin wählten die Freundinnen allerdings so knapp, daß Klaus keine Möglichkeit mehr blieb, noch rechtzeitig abzusagen. Hingefahren ist Sabine natürlich nie, aber sie hatte nach diesem Brief von Klaus auch nichts mehr gehört.

Eine mit anderen Vergeltungsaktionen vergleichsweise harmlose Geschichte, wie folgende »Rache der kleinen Frau«, ist der Zeitschrift »Emma« 1981 entnommen:

Klofrauen sind zumeist durch viele Feuer gegangen, aber dennoch immer für Späße zu haben. Aber auch für Racheakte, wenn ihnen die Unfreundlichkeit eines Toilettennutzers zu weit geht...

»Wir sind diejenigen, die einen Gast vor der Blamage bewahren«, erklärt die moderne Klofrau im Café Kranzler und lacht. Denn einmal hat sie, wider ihre Gewohnheit, den Mund gehalten, als eine Besucherin ihre Toilette verließ: »Ich kann mich noch genau an das Gesicht der Frau erinnern«, erzählt sie belustigt, »sie kam hier herein und behandelte mich, als ob ich zur Einrichtung gehörte. Als sie aus der Toilette kam, sah ich, daß ihr weißer Nerzmantel hinten verschmutzt war.

Normalerweise hätte ich sie natürlich darauf hingewiesen und den Pelz gründlich gesäubert. Statt dessen beobachteten meine Kolleginnen und ich, wie sie zu ihrem Platz ging und sich setzte. Kurze Zeit später trat der Geschäftsführer an ihren Tisch und bat sie, unauffällig das Lokal zu verlassen. Die übrigen Cafégäste hatten sich über den penetranten Gestank beschwert.«

Nicht immer machen sich Frauen bei der Realisation ihrer Rachegelüste die eigenen Finger schmutzig. Immerhin gibt es auch die Möglichkeit, die Ausführung der Vergeltung anderen zu überlassen, also nur die »Mutter des Gedankens« zu sein. Bei dem folgenden Beispiel, das sich Ende der 50er, Anfang der 60er Jahre ereignete, handelt es sich um eine ausgesprochen rachsüchtige Mutter, die mit aller Macht, allen ihr zur Verfügung stehenden Mitteln, eigene Interessen durchzusetzen versuchte, einmal durch direktes Rachenehmen, ein anderes Mal mit Hilfe anderer:

Sie lebte in Santa Barbara und bezog als unbescholtene Frau ihr Einkommen aus Realien und Grundstücksvermittlungen. Als Alleinerzieherin des Sohnes ließ sie ihm die beste und teuerste Ausbildung angedeihen. Frank mauserte sich rasch zu einem karriereverdächtigen Rechtsanwalt. Indessen wollte sich die Mutter von ihrem Sohn, mit dem sie angeblich auch dasselbe Bett geteilt haben soll, nicht trennen, ihn nicht loslassen und vereitelte somit – lange Zeit erfolgreich – jeglichen intimen Kontakt ihres Sohnes zu Frauen.

Als zwischen Mutter und Sohn einmal wegen einer geschäftlichen Transaktion Streit ausbrach, bestrafte ihn und rächte sich die gekränkte Mutter mit einem Selbstmordversuch durch Schlafmittel. Im Krankenhaus wurde sie von einer aufopfernden Krankenschwester hochgepäppelt, und wie es das »böse« Schicksal so will, lernte Sohn Frank diese junge Frau kennen, verliebte sich in sie und nahm sie schließlich gegen den Willen und Widerstand seiner Mutter zur Frau – allerdings heimlich, denn er kehrte Nacht für Nacht in das mütterliche Heim zurück. Sensibel, wie Mütter oftmals sind, kam sie bald hinter das Geheimnis ihres Sohnes. Daraufhin bedrohte sie in Telefongesprächen und Besuchen die Schwiegertochter, die so zu mehrmaliger Flucht in andere Wohnungen veranlaßt wurde. Der sonst so fähige Rechtsanwalt zeigte sich hilflos und ohnmächtig, zwischen beiden Frauen hin- und hergerissen. Als die Schwiegertochter schwanger war, verbreitete die Schwiegermutter das Gerücht, sie bekäme das Kind von einem anderen Mann, und außerdem sei sie gar nicht mit Frank verheiratet. Sie ging sogar noch einen Schritt weiter: Aufgrund organisierter falscher Zeugen und fingierter Identität gelang es ihr tatsächlich, die Ehe ihres Sohnes vor Gericht annulieren zu lassen. Frank lehnte empört ab, die Gattin zu verlassen, aber es gelang ihm auch nicht, völlig mit der Mutter zu brechen. Diese sann indessen auf Schlimmeres. Um den Bericht kurzzufassen: Sie organisierte Killer, die die schwangere Schwiegertochter brutal ermordeten. Da diese Frau jedoch auch noch mit Geld geizte, nicht bereit war, die Mörder verabredungsgemäß zu entlohnen, kam schließlich alles ans Licht und vor Gericht. Selbst hinterher soll sie keine Reue gezeigt haben; sie tat es eben nur aus »Mutterliebe«, die sie schließlich mit der Todesstrafe bezahlte. Eine extrem verstandene Auslegung von Mutterliebe, die sicher nicht zum besten des Sohnes gereichte!

Daß nicht jede Vergeltungsaktion so grausam sein muß, daß es genügend subtile Methoden gibt, den quälenden Rachedurst zu stillen, haben die Tips und Tricks im Praxisteil bestimmt gezeigt.

WIE MÄNNER SICH RÄCHTEN UND RÄCHEN

Weshalb auch sollten Männer weniger rachsüchtig sein als Frauen!? Da in früheren Zeiten fast ausschließlich Männern die Rachenahme für ihre Familien vorbehalten blieb, konnten sie über die Jahrhunderte hinweg gründlich üben, und somit beherrschen auch sie die große Klaviatur der Vergeltung, vom winzigen Denkzettel bis zum ausgetüftelten Mord.

Aufgrund ihrer stärkeren körperlichen Disposition sind sie vielleicht zu brutalerem Rächen in der Lage, als es Frauen möglich ist. Wie viele Vergewaltiger nehmen und nahmen vielleicht unbewußt Rache an unzähligen schuldlosen Frauen für das Leid, das ihnen womöglich von ihren Müttern in ihrer Kindheit zugefügt wurde. Doch rächen sich Männer auch ausgiebig untereinander. Man braucht nur unter den Kapiteln »Sport, Spiel, Rache« oder auch »Rache politisch« nachzulesen, um eine Auswahl von »Männerrachen« zu finden, die dies zur Genüge beweisen. Doch hier noch einige Beispiele von F. Riemann und M. Mitscherlich:

»Nach längerer Zeit sagte mir ein Patient, daß er, gleichzeitig mit seiner Behandlung bei mir, auch bei einem Kollegen eine psychotherapeutische Behandlung angefangen hatte. Er wollte ausprobieren, wer von uns besser sei, welche Methode ihm mehr zusage. Bei mir machte er den Kollegen und seine Arbeitsweise schlecht, bei ihm tat er das gleiche mit mir, ohne daß einer von uns ahnte, daß er gleichzeitig in zwei Behandlungen war; denn er schilderte jedem von uns die Behandlung bei dem anderen als eine zeitlich weit zurückliegende. So spielte er uns gegeneinander aus, wie er einst die Eltern gegeneinander ausgespielt hatte. Er rächte sich für den Mißbrauch, den sie ursprünglich mit ihm getrieben hatten, indem sie ihn hinter dem Rücken des einen gegen den anderen Elternteil aufhetzten und ihn für sich zu gewinnen versuchten. Er wiederholte diese Rache, um wie damals seinen Vorteil daraus zu ziehen, daß er, wie von den Eltern, nun von uns beiden profitieren wollte; zugleich war er, ebenfalls wie damals, keinem von uns gegenüber aufrichtig und boykottierte die therapeutische Situation auf diese Weise.«

»Ein Student sucht psychoanalytische Behandlung, weil er an

Angstzuständen und Depressionen leidet. Er ist Mitglied einer linken Vereinigung und lebt in einer Wohngemeinschaft von mehreren Männern und Frauen. Die Genossinnen, die sich um die Verbesserung der politischen und gesellschaftlichen Lage der Frau bemühen, werden von ihm voll unterstützt. Er ist, wie sie, zutiefst empört, wenn er mit gesellschaftstypischer Ungerechtigkeit und Geringschätzung der Frau konfrontiert wird.

Seine eigenen Beziehungen zu Frauen sind aber höchst kompliziert. Er ist außerstande, sich an eine Frau zu binden, mag sie ihm anfänglich auch noch so liebenswert erscheinen. Wenn er sich wieder von einer Frau trennt, die er für einige Zeit intensiv an sich binden konnte, fehlt ihm jedes Gefühl für die Grausamkeit seines Verhaltens. Bei genauerer Betrachtung seiner Liebesbeziehungen ließ sich erkennen, daß bei ihm immer wieder Erniedrigungswünsche durchbrachen. Er konnte sich offenbar gegen Neidgefühle nicht wehren. Er verspürte ein untergründiges, ihm selbst unerklärliches Bedürfnis, sich an seinen Freundinnen zu rächen und empfand es als Triumph, wenn er sich gerade dann von ihnen trennen konnte, wenn ihre Bindung an ihn besonders stark war.

Im Laufe der Analyse stellte sich heraus, daß er sich neidisch und rachsüchtig verhielt, weil sein unbewußter Wunsch, selber eine begehrenswerte Frau zu sein, sich nicht erfüllen ließ. Der Ausweg in die Homosexualität war ihm versperrt – vielleicht weil es ihm nicht gelungen war, die Liebe seines Vaters zu gewinnen und von ihm wie ein Mädchen geliebt zu werden.

Auch die Impotenz des Mannes kann die Folge solch unbewußter Wünsche und der damit verbundenen Neid- und Rachegefühle sein. Zu diesem Thema fällt mir ein Patient ein, der seinen Vater erst mit sieben Jahren kennengelernt hat. Sehr an seine Mutter gebunden, heiratete er relativ spät eine um einige Jahre ältere, aber sehr attraktive Frau. In der Ehe war er unfähig, den sexuellen Verkehr auszuüben, onanierte aber täglich. Er mißgönnte, so offenbarte die Analyse, seiner Frau die Befriedigung, die er sich selbst wünschte. In seiner Phantasie war er die geliebte Tochter einer als omnipotent-phallisch erlebten Mutter geblieben. Diese Mutterbindung entsprach im Grunde einem negativen Ödipus-Komplex. Die Mutter war der

Mann, er das Mädchen. Die Macht, die er seiner Mutter und später seiner Frau zuschrieb, den Frauen, von denen er sich völlig abhängig fühlte und die er um ihre Attraktivität beneidete, hatte in ihm das reaktive Bedürfnis entfacht, diese Frauen zu erniedrigen, indem er sie sexuell vernachlässigte.«

VON FREUD BIS HEUT

Der Trieb-Definition Freuds zufolge, als ein »in dem belebten Organischen innewohnender Drang zur Wiederherstellung eines früheren Zustandes«, zählt Rache zu den menschlich angeborenen Trieben.

Wieviel Rache mit Aggression zu tun hat, also Revanche als eine Ausdrucksform aggressiver Triebregung, das wird bei der Durchsicht tiefenpsychologischer Studien und Abhandlungen oder Schriften zur Verhaltensforschung deutlich. Freud schreibt: »Wir beseitigen in unseren unbewußten Regungen täglich und stündlich alle, die uns im Wege stehen, die uns beleidigt und geschädigt haben.«

Allein in den so oft ausgesprochenen Verwünschungen des anderen, wie beispielsweise »hol ihn der Teufel«, sei ein unbewußter »ernsthafter, kraftvoller Todeswunsch« enthalten. Selbst für Belangloses, für Nichtigkeiten töte das Unbewußte; für Verbrechen kenne es keine andere Strafe als den Tod, denn jede Verletzung des »allmächtigen, selbstherrlichen ICH« sei quasi ein »crimen laesae majestatis« (das Verbrechen der Majestätsbeleidigung).

Was wäre wohl, wenn solche Wünsche die Kraft besäßen, die ihnen von Urvölkern zugedacht wurden: Die Menschheit hätte sich längst an den gegenseitigen Verfluchungen zugrunde gerichtet. »Das ICH haßt, verabscheut, verfolgt mit Zerstörungsabsichten alle Objekte, die ihm zur Quelle von Unlustempfindungen werden, gleichgültig, ob sie ihm eine Versagung sexueller Befriedigung oder der Befriedigung von Erhaltungsbedürfnissen bedeuten.«

Für Steinmetz besteht Rache anfangs nur darin, daß »unangenehme Gefühle des Beeinträchtigtseins durch die angenehmen des Beeinträchtigens aufgehoben werden ...« Dem durch die Schädigung entstehenden Gefühl, sei es Erniedrigung, Schwäche, Ohnmacht oder Furcht, entspräche jeweils auch die Art der Rachebefriedigung; das bedeutet also: Wurde z. B. Angst eingeflößt, wird die Rache diese aufzuheben versuchen.

Nicht jeder zugefügte Schmerz läßt sich allerdings durch Rache beseitigen, und nicht jeder Mensch neigt in gleicher Weise zur Rache. Jemand, der zu einem hohen Maße an Emphatie, Einfühlung in das Leid eines anderen fähig ist, wird Rachegefühle wohl kaum an seinem Gegner tatsächlich ausleben können. Steinmetz ist der Meinung, daß derjenige, der »sich nie recht satt rächen konnte«, durch Anhäufung von Verletzungen und damit verknüpften unausgelebten Rachebedürfnissen mit der Zeit immer rachsüchtiger wird. Andererseits sieht er auch den fatalen Teufelskreis der Vergeltungsausübung, denn sie provoziert fast immer Gegenrache. Der Vergeltungsakt an sich dient auch zur Abschreckung, der Warnung an andere, die nicht unmittelbar an der Verletzung beteiligt waren, als eine Art Machtbezeugung, was uns die Politik immer wieder neu lehrt. Im Gefühl der Macht, die über den Gegner ausgeübt wird, hebt eine erfolgreich geführte Rache das ganze Selbstbewußtsein.

Für A. Mitscherlich beinhalten negative Affekte und die Art, wie sie Aggression (also den Destruktionstrieb) decodieren, das Erlebnis der Ohnmacht und Resonanzlosigkeit als entscheidenden Faktor. »Deshalb bleibt in ihnen – auch im Falle der faktischen Macht über das Triebobjekt, also der Möglichkeit, es zu vernichten oder zu schädigen – das Enttäuschungserlebnis erhalten. Daraus (»aus frustrierter libidinöser Erwartung«) erwächst seines Erachtens die Rache. Er differenziert zwischen »gekonnter«, d. h. ziel- oder sachgerechter, und »ungekonnter«, also ziel- oder sachungerechter Aggression, in jedem Fall rechnet er sie zum »Vitalen Grundvermögen« der menschlichen Triebausstattung.

Nur wenige Psychoanalytiker schlossen sich der Aggressionstheorie Freuds an, für die meisten war die Todestriebannahme zu spekulativ. Einige unterschieden zwischen »anpassenden« und »organisierenden Aspekten« der Aggression, andere, wie Stierlin, hoben Aggression als ICH-stärkendes, Lebens- und Selbstwertgefühl steigerndes Moment hervor, das eine Stauungsabfuhr, Befreiung und Befriedigung ermöglicht. — A. Becker definiert Aggression als inneren/äußeren Vorgang, der »eine Schädigung von Aggressionsobjekten« enthält, ganz gleich, ob es sich dabei um Planung, Phantasie, Drohung oder tatsächliche Ausführung handelt. – Andere (z. B. W. Reich) machten gesellschaftliche Bedingungen, wie die rigide, sexualfeindliche, autoritäre Erziehung dafür mitverantwortlich, daß aus gehemmter Sexualenergie Destruktivität entsteht. – Hacker sieht den Kreislauf der Aggression folgendermaßen: »Freie Aggression, die nackt und ungezügelt sich als Gewalt ausdrückt, wird in innere Instanzen (Gewissen, Charakter) und äußere Institutionen (Spiele, Regeln, Normen, Gruppen, Organisationen) gebunden und entschärft, kontrolliert und gelenkt, sie verwandeln sich in schlummernde, unsichtbare, oft unbewußte Aggression, die nur unter ganz besonderen Bedingungen mobilisiert und damit offensichtlich wird. Unter der Etikette Notwendigkeit, Pflicht, Selbstverteidigung kann Aggression im Namen des sie legitimierenden größeren Ganzen in Erscheinung treten.« Erinnert sei hierbei an die bereits erwähnte Pflicht zur Blutrache, die vor dem Inkrafttreten von Legislative, Judikative und Exekutive als ungeschriebenes Gesetz galt.

Darüber sind sich wohl alle einig: Ohne Aggression gäbe es keine echten Gefühle wie Freundschaft und Liebe, ohne diesen notwendigen Motor wären viele Errungenschaften, Entwicklungen und Erfindungen kaum entstanden. Jeder Mensch muß seine eigene, ihm gemäße Form der Aggressivität finden, wenn er sich nicht von anderen bestimmen lassen will. Voraussetzung dafür ist, daß der in der Kindererziehung vermittelte Glaube vom nur guten Menschen, der keine bösen, rachsüchtigen Gedanken haben darf, endlich als falsch entlarvt und aufgegeben wird. Dies schreibt A. Miller in ihrem Buch »Am Anfang war Erziehung«. Nur das Entdecken und Erleben der kindlichen Rachephantasien führe den Menschen zu seinen echten kindlichen Wut- und Haßgefühlen, die der Trauer über das irreversibel Geschehene und der Versöhnung Platz machen können. Erst dieser Prozeß von der Wut zur Trauer läßt den Menschen zu angemessenem Umgang mit Aggression reifen, und erst dann kann das Rad der Wiederholung zerbrochen werden. »Wem sein Opfersein nie zum Erlebnis wurde, weil er in der Ideologie der Tapferkeit und Beherrschung aufgewachsen ist, ist leicht in Gefahr, an der nächsten Generation für sein unbewußt gebliebenes Opfersein Rache zu nehmen.«

Wichtig ist es daher, aggressive und destruktive Handlungen verstehen zu lernen. Wie unterschiedlich die Ausdrucksformen von Aggressivität bei den unterschiedlichen Charakteren ausfallen, zeigt F. Riemann in »Grundformen der Angst«.

Beim »schizoiden« Typus leidet die Umwelt unter den von ihm nur schwer zu kontrollierenden aggressiven Ausbrüchen besonders stark.

Was ursprünglich der Angstabwehr diente, kann bei ihm zu lustvoll ausgelebter Aggressivität bis zu Formen von Grausam- und Gewalttätigkeit führen. Aber auch die moralische Überlegenheit des depressiven Typus ist eine sublime Form der Aggressivität. Aus Angst vor Verlust tendiert dieser dazu, eine Welt der Friedfertigkeit um sich aufzubauen, also Aggression zu vermeiden. Eine derartige Haltung kann bis zur Opferrolle gesteigert werden, die den »bösen« (aggressiven) Anteil auf den aggressiveren Partner projiziert.

Der zwanghafte Mensch hat es früh gelernt, seine Affekte und Aggressionen zu kontrollieren bzw. zu beherrschen. Haß-, Wut- und Trotzgefühle mußte er von Kindheit an – nicht wie beim Depressiven aus Verlust, sondern aus Strafangst – unterdrücken. Daraus entsteht oftmals ein sehr zweifelndes, vorsichtiges Umgehen mit Aggression, Abschwächung oder Zurücknahme geäußerter Aggressivität, Ideologiebildung der Selbstzucht, aber auch Suche nach Gelegenheiten legitimer Aggressionsabfuhr. Dem aufgrund zu strenger Strafe zum ach so sehr bedauerten »Tölpel« gewordenen geschehen Mißgeschicke (Aggressionen), scheinbar ohne Absicht, aus Versehen.« ... so fein gesteuert können seine Rachehaltungen an der Umgebung verlaufen, die ursprünglich die Schuld daran trug, daß er ›lauter Daumen‹ erwarb, und nicht selten ergibt sich für ihn ein weiterer Gewinn: man nimmt ihm alles ab, weil er es ja doch falsch tun würde, und so kann er sich um viel Lästiges drücken.«

Trödeln, Umständlichkeit, auch Unentschlossenheit können als Formen von Aggressionen und Affekten ebenfalls die Umwelt quälen. – Aggressivität beim hysterischen Menschen tritt elastisch, spontan, unbekümmert, oft unüberlegt, dafür weniger nachhaltend und nachtragend auf. Sie reicht von impulsiven Äußerungen bis zur Willkür und wird eher personenbezogen ausagiert.

»Ein Beispiel für den Männerhaß und die Rachehaltung einer Frau mit stark hysterischen Zügen: Mit dem Anspruch auf Rücksicht wegen ihrer schwachen Nerven und zarten Gesundheit durfte ihr Mann – auch im Winter – nur auf dem Balkon der Wohnung Zigarre rauchen, weil sie den Rauch nicht vertrug. Wenn er sich im Fernsehen ein Fußballspiel ansah, machte sie ihn vor den Kindern wegen solcher Primitivität lächerlich, weil sie überhaupt alles abwertete, woran sie nicht teilnehmen konnte, wofür sie kein Interesse hatte oder worin sie ihm unterlegen war. Er hatte eine bessere Allgemeinbildung als sie; Bücher, die er ihr empfahl, fand sie langweilig, weil sie sie nicht verstand bzw. sich nicht die Mühe machte, sie zu verstehen. Seine sexuellen Wünsche waren ihr eine Zumutung, der sie sich mit immer neuen Begründungen entzog. So wertete sie ihn in jeder Hinsicht ab und nahm, ihr unbewußt, an ihm Rache für die Enttäuschung, daß ihr Vater ihre intelligentere Schwester vorgezogen hatte.«

Eine besondere Form hysterischer Aggression ist die Intrige. Dabei werden – so Riemann – in der Kindheit erlebte Situationen, in denen der Betroffene, auf dessen Rücken Konflikte ausgetragen, der zum Objekt gemacht, oft zwischen Eltern und Geschwistern ausgespielt wurde, immer wieder neu inszeniert. »Intrige, Abwertungen eines anderen bis zum Rufmord und bis zu seiner Vernichtung ausgeprägte Rachehaltungen können so entstehen. Kommt hierzu noch der Geschlechterhaß, kann die Rachsüchtigkeit extreme Formen annehmen.«

Jedem Menschen bleibt selbst überlassen, wie er mit seinen Trieben umgeht, wie er sie befriedigt oder abwehrt. M. Mitscherlich ist der Ansicht, daß »die Verinnerlichung eines mit Wut, Rache und Entwertung besetzten Objektes«, von dem man sich getrennt hat, eine Erweiterung des ICH (»durch vielfältige Identifikation«), also eine Reifung der Persönlichkeit verhindert. Oft seien eine permanente Vorwurfshaltung, unbefriedigte Abhängigkeitsgefühle und Selbsthaß die Folge davon.

M. Mitscherlich weist auch auf den nach wie vor existierenden geschlechtsspezifischen Unterschied hin.

Beim Mann wird Triebentlastung aggressiver Art für sein physisches und psychisches Gleichgewicht als notwendig angesehen.

Der Frau wird normalerweise nur aggressive Triebunterdrückung in Form des »weiblichen Masochismus«, der Wendung aggressiver Impulse nach innen, gesellschaftlich gestattet.

Wie auch immer jeder zum Umgang mit dem eigenen aggressiven Anteil, mit seiner Wut, den Haß- oder Rachegefühlen stehen mag, eines sollten Mann und Frau nicht vergessen: Gefühle, die nicht ausgelebt, sich selbst verboten und verkniffen werden, rächen sich.

RACHE HISTORISCH
(Eine kleine Auswahl)

Tamerlan
Der mongolische Eroberer Tamerlan (Timur, der Lahme, 1336–1405) besaß ein Reich von stattlicher Größe. Es umfaßte China und zog sich bis zur Türkei. Oft kam es zu Rebellionen gegen den Usurpator, und so geschah es auch im Jahre 1387 in der Stadt Isfahan (im heutigen Iran): Aufständige metzelten die 3000 Besatzungssoldaten Tamerlans nieder. Er erdachte sich eine besonders grausame Rache, das sogenannte »Köpfesammeln«. Als sein Heer weiterzog, stapelten sich vor den Toren der Stadt 70 000 Menschenhäupter.

Noch übler trieb er es in der Stadt Sivas. Dort hatte der Eroberer den Einwohnern versprochen: »Wenn ihr euch jetzt ergebt, wird kein Tropfen Blut fließen.« Sie ergaben sich, und Tamerlan hielt Wort: Die 4000 gegnerischen Soldaten wurden lebendig begraben, die Frauen wurden erdrosselt oder erhängt und die Kinder zu Tode getrampelt.

Xerxes
Eine besonders absurde Rache leistete sich Xerxes I. im Jahre 480 v. Chr. Während eines Feldzuges gegen die Griechen ließ er von seinen Ingenieuren zwei Schiffsbrücken über den schmalen Hellespont schlagen. Doch ein Sturm zerstörte die beiden Brücken. Daraufhin befahl Xerxes seinen Männern, dem Hellespont 300 Peitschenhiebe zu verabreichen und eiserne Fußketten in den Fluß zu werfen. Außerdem ließ er das Wasser mit heißen Eisen brandmarken. Und daß er die Ingenieure köpfen ließ, ist eigentlich selbstverständlich.

Die Goten
Der Gotenkönig Theodahad war ein hochgebildeter Schwächling, der die Macht nicht mit seiner Tante teilen wollte, aber zu feige war, sie eigenhändig aus dem Weg zu räumen. Also wies er ihr eine Wohnung auf der Martana-Insel im Bolsena See zu, wo sie fern jeder Hilfe leichte Beute der Blutrache wurde: Die Verwandten jener gotischen Minister und Heerführer, die sie hatte töten oder entmachten

lassen, brachten sie im April des Jahres 535 um, indem sie sie im Bad ertränkten.

Als Theoderich starb, war die Geistlichkeit von Rom und Byzanz schnell bei der Hand mit kleinen üblen Geschichten, wie sie in der Antike und im Mittelalter gleichermaßen beliebt waren, um Rache an einem berühmten Toten zu nehmen. Über Theoderich wurde zum Beispiel kolportiert, daß er beim Anblick eines Fischgerichts durch den Fischkopf an den toten Symmachus erinnert wurde. Der Kopf habe ihn so durchdringend angesehen, daß er von da an keinen Bissen mehr essen konnte, dem Zittern verfiel und wenige Tage danach starb.

Eine andere Geschichte ist ebenso leicht durchschaubar: Ein Einsiedler will den toten König in der Luft gesehen haben. Zur einen Seite hielt ihn der Geist des Symmachus, zur anderen der des Boëthius. So brachten sie den König, in dem viele ihren Mörder sahen, zum Eingang der Unterwelt, der nach antikem Glauben bei Enna auf Sizilien lag.

Monarchen

Maria Theresia, die österreichische Kaiserin, beging kurz vor ihrem Tod einen schweren Fehler: Sie erhöhte die Weinsteuer. Die Rache der Wiener folgte posthum; sie bewarfen ihren Sarg mit Steinen.

Friedrich der Große und Ludwig XIV leisteten sich die gleichen Fehler: Leute, die sie nicht leiden konnten, wurden von ihnen aufs übelste beleidigt. Das rächte sich oft. Ludwig hatte Prinz Eugen weggeschickt, weil ihm dessen Nase nicht gefiel und Friedrich General Laudon, dessen rote Haare ihm nicht genehm waren. Eugen und Laudon traten in die Dienste Österreichs. Eugen brachte Ludwig und Laudon Friedrich die schmerzlichsten militärischen Niederlagen ihres Lebens bei.

An der Geschwätzigkeit seines Oberzeremonienmeisters Pöllnitz rächte sich Friedrich auf seine Weise, die seither überall und täglich Nachahmer gefunden hat. Er ließ in ganz Berlin ausklingeln: »Warne hiermit jedermann, meinem Oberzeremonienmeister Baron von Pöllnitz etwas zu borgen, da ich für nichts mehr aufkomme.«

Dies irae (Tag des Zornes, Tag der Rache)
Unter diesem Titel ist das Ende der Hohenstaufen in Italien in die Geschichte eingegangen. Manfred, der Sohn Friedrichs II, herrschte dort als Stadthalter und König (Unteritalien und Sizilien) bis zu seinem Tode im Jahre 1266.

Karl von Anjou ist als Eroberer gekommen, und er bekennt sich dazu, bevor er gegen König Manfred in die Schlacht zieht, mit den Worten: »Der Tag der Schlacht, den wir so lange herbeiwünschten, ist nun da. Wir müssen siegen oder sterben . . ., denn nur um unserer Siege willen haben uns die Italiener so gut aufgenommen; werden wir besiegt, so bricht unfehlbar ihr innerer Haß und ihre gewohnte Treulosigkeit hervor, so daß keiner von uns ihren offenen Angriffen und heimlichen Nachstellungen entgehen wird. Besser also, wir sterben ehrenvoll als auf schmachvoller Flucht.«

König Manfred wird bei dem Kampf getötet, und der Biograph des heiligen Franziskus, der Mönch Thomas von Celano, schreibt das Lied:

Dies irae – dies illa

»O Vergeltungstag! O Stunde,
da, was steht im Weltenrunde,
Asche wird, nach heil'ger Kunde.
Welche Angst wird sein, welch Beben,
wenn der Herr wird niederschweben,
streng zu richten alles Leben!
Die Posaune wird erklingen,
schaurig in die Gräber dringen,
alle hin zum Throne zwingen.
Tod und Schöpfung – staunend werden
die Geschöpfe auferstehen
Rede vor Gerichte zu stehen.
Und ein Buch wird aufgeschlagen,
alle Schuld seit alten Tagen
steht in diesem eingetragen . . .«

Otto Zierer stellt in Band 11 seiner »Weltgeschichte« fest: »Der Tag nach dem Sieg ist schrecklich – es ist der Tag der Rache! Nun vollzieht sich das Gericht am »gottverfluchten Geschlecht der Hohenstaufen«. Papst Clemens IV schreibt an Karl von Anjou über das Schicksal der gefangenen Staufenkinder: »Sie mögen leben, aber leben, als wären sie nie zur Welt gekommen; leben, um im Gefängnis zu sterben.«

Vierunddreißig Jahre schmachten zwei der drei Prinzen im Kerker, dann sterben sie, ohne je das Licht der Sonne gesehen zu haben. Der dritte schafft ein paar unglückliche Jahre mehr.

Im Jahre 1197 rechnete Heinrich VI in Palermo mit den Aufständischen ab. Seine Rache ist von ausgesuchter Grausamkeit. Die Rädelsführer läßt er mit einer Säge in Stücke schneiden, auf Pfähle spießen, lebendig begraben, mit Pech bestreichen und anzünden.

Graf Richard von Aversa wird von einem Pferd durch die Straßen geschleift und anschließend mit dem Kopf nach unten aufgehängt. Da er nach zwei Tagen immer noch nicht tot ist, bindet ihm der Hofnarr des Kaisers einen schweren Stein an die Zunge.

Für den Burgherrn von Castrogio hatte sich Heinrich etwas Besonderes einfallen lassen: »Er wollte die Krone, er soll sie haben.« Der Henker fertigte eine Eisenkrone an, machte sie glühend und trieb sie dem Opfer mit Nägeln in den Schädel. Als Heinrich VI wenige Monate später starb, glaubten etliche Hofbeamte nicht an die Version von der Malaria. Vielmehr habe ihm die Kaiserin ein ähnlich der Malaria wirkendes Gift verabreicht, um sich und ihr Volk zu rächen.

Rache in der Geschichte ist eine Geschichte der Rache, von der Urrache über das Altertum, das Mittelalter, über die klassischen Rachefeldzüge und die französische Revolution bis zu den Greueln der Weltkriege und den Kriegen heutzutage. Kaum zehn Seiten irgendeines willkürlich herausgegriffenen Geschichtsbuches muß man lesen, bis man zum erstenmal auf das Wort »Rache« stößt. Rache und Gegenrache, Schlag und Gegenschlag. Hier wird sich das Schicksal der Menschen entscheiden. Denn beim nächsten Mal genügt ein Druck auf den roten Knopf (den dann umgehend auch die Gegenseite betätigt), und es hat sich für alle Zeiten ausgerächt.

RACHE POLITISCH

Wie stark politisches Handeln durch Rachegefühle bestimmt oder mit »Rachenahme« legitimiert wird, zeigt die Geschichte in vielen Fällen. Nehmen wir Adolf Hitler beispielsweise, der den von ihm angezettelten Angriff auf Polen vor der gesamten Öffentlichkeit gerechtfertigt sehen wollte, indem er ihn trügerisch als einen Vergeltungsschlag deklarierte: »Und von jetzt ab wird Bombe mit Bombe vergolten.«

Vergeltung steht aber auch heute auf der politischen Tagesordnung. Unter diesem Begriff, der wesentlich harmloser klingt als das Wort »Rache«, werden Kriege angefangen, Blutbäder an eigenen Glaubensgenossen gesühnt, Politiker ausgeladen, Wirtschaftssanktionen eingeleitet und vieles mehr. Gerade bei der derzeitigen Politik der USA, die sich durch auffallendes Vergeltungsdenken auszeichnet, läßt sich das »Wie-Du-Mir-so-Ich-Dir-Prinzip« der Politik verdeutlichen: Da wird z. B. Tripolis bombardiert aus Rache gegen die terroristische Politik Ghadafis, und das nennt sich dann Vergeltungsakt.

Politische Rache zieht sich von Süd nach Nord, von Ost nach West und macht vor keiner Couleur einer Partei halt. Die UdSSR reagierte auf jenen bösartigen »Goebbels-Gorbatschow-Vergleich« Bundeskanzler Kohls mit der Ausladung Rühes und der Absage weiterer Termine geradezu milde. Unter anderen Bedingungen hätte eine derartige Beleidigung weitaus schlimmere Folgen haben können.

Siehe Faksimile Seite 110, 111, 112

SPORT, SPIEL, RACHE

Wer kennt sie nicht, die versteckten Fouls im Fußball, die Intrigen beim Tennis? Jedes Spiel ist zumindest für einen der Beteiligten, für eine Mannschaft Rachenahme für eine vorangegangene Niederlage. Sport also eine Dauerrache, da die Sieger und Besiegten laufend wechseln?

So kann man es sehen, aber auch eine ständige Rachenahme der Mannschaften, der Spieler an den Trainern und umgekehrt. Und wie oft hat sich schon ein imaginärer Wettergott gerächt, wenn es mal nicht klappen wollte? Nicht zu vergessen: »Montezumas Rache«, als deutsche Mannschaften in Südamerika unter Durchfall litten. Rache im Sport ist für die einen die schönste Nebensache der Welt, für die anderen einfach nur blöde. Da rächt sich sogar der Rasen in Wimbledon, das angeblich nicht bespielbare Fußballfeld oder gar die Ski-Piste (siehe Ausriß aus der Bildzeitung). Wie sagte Winston Churchill doch gleich? »Never Sports.« Hochleistungssport ist die Rache am denkenden Menschen, denn da gibt es keinen Spaß mehr. Politik allerdings auch, aber das ist ein anderes Kapitel über versteckte und offene Fouls. Und wen interessiert (außer dem Getroffenen) schon ein heimlicher Tritt ans Schienbein, ein präparierter Degen oder ein angesägtes Ruderblatt? Sportlerrache ist nur selten kreativ und einfallsreich. Das beweisen alleine die unzähligen Dementis, wenn sich ein Kicker oder anderer Sportiver nach einer Niederlage verbal an Publikum, Trainer, Manager oder Gegner gerächt hat. Die sich rächende Piste mag dann auch als Beispiel dienen:

Siehe Faximile Seite 113, 114

FILM-, FERNSEH- UND PROMINENTENRACHE

Ein ungeheuer großer »Rache-Boom« hat im Fernsehen eingesetzt. Natürlich gab es auch in früheren Zeiten Filme und Fernsehspiele, die Rache zum Thema hatten. Doch interessant ist die parallele Entwicklung, die derzeit in TV und Kino vonstatten geht. Das Fernsehen wiederholt alte Schinken mit Rachemotiven, produziert und zeigt neue, und im Kino nehmen sich junge Regisseure immer stärker dieses Themas an.

Rachebooms immer dann, wenn Endzeitstimmung herrscht – und natürlich lassen sich auch die Racheaktionen bei denen, die im Rampenlicht stehen, besonders gut vermarkten. Rache von und unter Prominenten ist nicht nur durch deren Bekanntheitsgrad ausgesprochen medienträchtig, sie eröffnet auch wegen pekuniär besserer Verhältnisse viel größere Möglichkeiten. Ansonsten unterscheidet sich Prominentenrache wenig von der sonst üblichen Vergeltung. Ausnahme natürlich: der Ayatollah, aber da spielt eben die Religion mit, dennoch ist er unser erstes Beispiel:

Siehe Faximile 115, 116, 117, 118, 119

RACHE UND AIDS

»Es gibt Menschen, die haben AIDS. Sie sagen es ihren Sexualpartnern nur nicht. Sind das ›AIDS-Terroristen‹, ›Todesengel aus Rache‹, Menschen mit ›charakterlichen Defekten‹? Oder liegen die Motive in Angst vor Isolation, Verzweiflung und Todesfurcht?«

Mit dieser einleitenden Fragestellung beginnt die Zeitschrift »Wiener« einen Artikel über AIDS, der Lustseuche dieses Jahrhunderts, die derzeit fast überall zum (Gesprächs-)Thema Nr. 1 avanciert.
Im »Club 2«, der wichtigsten Diskussionssendung des »Österreichischen Rundfunks (ORF)«, erzählte am 8. Januar die 26jährige Kunststudentin Maria Krenn die folgende Geschichte: Ein Mann aus ihrem Bekanntenkreis habe in einer New Yorker Bar ein Mädchen kennengelernt und die Nacht mit ihr in einem Hotel verbracht. Sie wäre schon weggewesen, als er am Morgen danach aufwachte. Er sei ins Badezimmer gegangen und habe am Spiegel eine Nachricht vorgefunden, die sie ihm mit Lippenstift dort hinterlassen hätte: »Welcome to Aids Member Club.« Der Mann unterzog sich einem Test. Ergebnis: HIV-positiv. Im Klartext: AIDS.

Das ist der Stoff, aus dem Alpträume sind. Aber die Geschichte vom rächenden Todesengel ist kein harmloser Joke. Sie ist eine Art Judenwitz im AIDS-Zeitalter, sät Mißtrauen und Zwietracht und schlägt in dieselbe Kerbe wie all die anderen Maßnahmen, die sogenannte Seropositive demnächst diskriminieren sollen: Meldepflicht, Tätowieren, Reiseverbot. Professor Volkmar Sigusch: »Jene, die an Minderheiten und Lustseuchen traditionell ihr eigenes Schicksal zu besänftigen suchen, stehen Gewehr bei Fuß. Nichts ist für Saubermänner befriedigender als das Operieren am Volkskörper.« Willkommen im Club der AIDS-Verrückten?

Die Furcht vor den AIDS-Rächern kommt zunächst aus dem Ausland. Im November ist in London eine Gruppe von 18 – ausnahmslos HIV-positiven – Strichjungen zwichen 15 und 19 Jahren aufgedeckt worden, die sich auf ein gemeinsames Ziel eingeschworen hatte: möglichst viele Freier mit in den Tod zu nehmen.

In Edinburgh hatte die 21jährige Prostituierte Nora Jung vor Weihnachten ihr Foto in allen Zeitungen veröffentlichen lassen.

Nicht so sehr, um ihre ehemaligen Kunden, sondern um deren Ehefrauen und zukünftige Kinder vor der Ansteckung zu bewahren. Auch sie hatte das Geschäft im Wissen um ihre Infektion weiter ausgeführt: »Aus Rache«, wie sie sagte.

Der Journalist Peter Rogge schließlich hatte in New York ein Interview mit der Sprecherin einer Gruppe von HIV-Positiven über deren *Strategie der Lust** geführt. Unter dem Pseudonym Maria Plague (Maria Pest) gab eine Frau an, sie und ihre Freunde hätten »sich in die höchsten Kreise der Gesellschaft hineingevögelt« – mit dem Ziele, die wachsende Diskriminierung von AIDS-Kranken zu unterbinden. Motto der AIDS-Terroristen: Je mehr Menschen infiziert sind, um so schwerer kann man sie in Internierungslager pferchen – wie zwischen 1914 und 1918, als in Amerika 18 000 Prostituierte wegen Syphilisgefahr kaserniert worden waren.

Plague wörtlich: »Verstehen Sie, es kommt nicht darauf an, das Problem einzugrenzen, sondern es auszuweiten, das heißt, den Infizierten klarzumachen, daß sie trotz des erwarteten Todes einen realen Machtfaktor darstellen. Statt einer Politik des Mitleids eine aggressive Politik des Betroffen-Machens. Erpressen wir die Gesellschaft mit uns.«

Also AIDS für alle: Die Killerbienen sind unter uns. Genau dies meint auch Peter Gauweiler, Staatssekretär im bayerischen Innenministerium, wenn er von Menschen mit »charakterlichen Defekten« spricht, und begründet seine Forderungen nach Meldepflicht, Berufsverbot, Sexverbot und Ausweisung ausländischer HIV-Positiver. Er steht nicht allein. In der Bundesrepublik sind bereits 66 Prozent der Bundesbürger für eine unbedingte Meldepflicht. (Umfrageergebnis des »Instituts für interdisziplinäre Sexualforschung«, Hamburg.)

Eine verschwindend kleine, aber um so wirkungsvollere Gruppe von Todesengeln macht den Scharfmachern das Polemisieren leicht. So ergab eine Studie des Pariser Spitals La Pitié-Salpetrière, daß die Hälfte der Infizierten nicht beabsichtige, ihre Sexualpartner durch ein Kondom zu schützen. Frankreich ist – mit 200 000 Fällen – das

* Das Interview ist in deutscher Sprache im Sonderheft »AIDS« der Zeitschrift »konkret« erschienen.

europäische Land mit den meisten HIV-Trägern. In der Bundesrepublik sind es momentan rund 150 000. Tendenz: steigend.

Auch in Deutschland gibt es Todesengel, also Leute, die ihren Sexualpartnern nicht sagen, daß sie HIV-positiv sind. Man findet weit mehr, als sich tatsächlich interviewen lassen.

Denn es handelt sich dabei um ein Strafdelikt, auf das bis zu zehn Jahre Haft stehen. Aber zwei dieser Menschen haben sich befragen lassen.

Deutlich wird in den beiden Interviews das Problem der Ausgrenzung AIDS-Kranker, das nicht nur als Angst in deren Phantasie herumspukt, sondern tatsächlich existiert. Es sind nicht so sehr die mit dieser Krankheit verbundenen Vorsichtsmaßnahmen und Einschränkungen im Sexualverhalten, unter denen Infizierte leiden, als vielmehr die allgemein durch die Panikmache verursachte Isolation der HIV-Träger. Diese führt letztlich dazu, daß AIDS-Kranke ihr Kranksein verschweigen müssen, um nicht durch die schwerwiegenden psychischen Folgen von Ausgrenzung zusätzlich belastet zu sein. Wen wundert es also, daß dabei auch Rachegefühle zutage kommen können:

MARLIES: Es ist ja nicht so, daß ich mit einem Mann schlafe, weil ich will, daß er AIDS bekommt. Du kannst es ihm nur einfach nicht sagen. So oft ist das ja auch nicht. Bei mir war das nur viermal im letzten Jahr, mit einem Mann zweimal, der ist aber nicht wiedergekommen. Ich glaube, der hat mich für eine Hysterische gehalten.

WIENER: Haben Sie Rachegefühle gegenüber der Gesellschaft?

MARLIES: Ich habe schon so ein Gefühl, bei mir ist alles vorbei, was kümmert es mich, was mit den anderen passiert. Ich verstehe die Hälfte der »Tagesschau« nicht mehr, weil ich mich frage, was soll das alles, was geht das mich an da in Äthiopien. Aber Sie müssen mir eines glauben: Ich habe schon mit Männern geschlafen, ohne ihnen was zu sagen, okay. Aber das hat mit Rache nichts zu tun. Das ist, weil ich es nicht mehr aushalte, einen Monat zuhause zu sitzen nach dem Büro, und immer denkst du an das eine, an AIDS. Ich habe alle Telefonnummern von Freunden vernichtet, damit ich sie nicht anrufe, wenn ich schwach werde. Ich habe alle Fotos von Freunden verbrannt, damit ich nicht an sie erinnert werde. Aber es kommt ein

Punkt, da geht es nicht mehr, da gehst du aus und jemand macht dich an, und dann kannst du ihm nichts sagen, und dann machst du es schlecht oder falsch, und dann kommt er sowieso nicht mehr.

Mann mit Aids infiziert: Blutbad auf St. Pauli

Abschiedsbrief an die Mutter: Ich nehme eine mit in den Tod

AN Hamburg. – Blutige Rache eines Aids-Kranken. Weil er glaubte, sich bei Prostituierten angesteckt zu haben, erschoß ein 28jähriger in der Nacht zum Sonntag in St. Pauli drei Menschen.

Um 0.29 erhält die Polizei den Notruf aus dem Haus „Reeperbahn 95", eine der billigsten Absteigen auf dem Kiez. In einem Zimmer im zweiten Stock finden sie die Leiche von Sabine D., einer 28jährigen Prostituierten. Andreas Salzmanns erstes Opfer sitzt mit Jeans und Pullover bekleidet im Sessel, getötet durch Kopfschuß.

Auf dem Flur davor liegt – von mehreren Kugeln tödlich getroffen – der Wirtschafter Lothar H. (45), der nach den ersten Schüssen zu Hilfe kommen wollte. Daneben ein zweiter Wirtschafter, Gerhard C. (40), von einem Lungenschuß schwer verletzt. Nur wenige Meter entfernt findet die Polizei die Leiche des Amokschützen Andreas Salzmann. Er hatte sich nach dem Blutbad den 38er Revolver Smith & Wesson an die Schläfe gesetzt und abgedrückt.

Auf dem Tisch in seiner Anderthalb-Zimmerwohnung in Bendestorf fand die Polizei einen Abschiedsbrief an die Mutter, auf dem Umschlag stand: „Bullen raus." Die Polizei brachte den Brief ungeöffnet zur Mutter in Harburg, die dort mit Andreas Salzmanns Stiefvater über ihrer eigenen Bäckerei wohnt.

Im Brief bekannte der junge Mann: „Mutter, ich habe Aids." Weil er nicht dahinsiechen wolle, habe er sich zum Selbstmord entschlossen. Und weil er sich die tödliche Krankheit bei den Prostıtuierten geholt habe, wolle er eine von ihnen mit in den Tod nehmen. Auf St. Pauli war der gelernte Chemielaborant, der die letzten Jahre als Festmacher im Harburger Hafen (Monatslohn 4000 Mark) gearbeitet hat, ein häufiger Gast.

An seinem letzten Abend, so berichten Prostituierte aus dem Stundenhotel, hatte Andreas Salzmann noch mit mehreren Mädchen Verkehr, bevor die tödlichen Schüsse fielen. Wollte er noch möglichst viele anstekken?

Ein braver Mieter

„Über Aids", sagte ein Freund, „haben wir sehr oft gesprochen. Manchmal schien er sich Aids regelrecht einzureden." Ob er wirklich Aids-„positiv" war, soll jetzt die Obuktion klären. Sein Hauswirt in Bendestorf schildert ihn als „braven Mieter, wie man ihn sich nicht besser wünschen" könne. Die Nachbarn wunderten sich nur, daß der gut aussehende junge Mann mit dem flotten Haarschnitt, dem Oberlippenbart und den braunen Augen nie eine Freundin gehabt hat. Andreas Salzmann wirkte „fast ein wenig verklemmt". Übertrieben reinlich sei er gewesen, habe zweimal am Tag ein Vollbad genommen, „das konnten wir durch die dünnen Rigips-Wände hören".

Am Sonnabend besuchte er noch ein befreundetes Ehepaar in Harburg, machte auf die Freunde einen „sehr depressiven Eindruck". Als Andreas Salzmann ging, bemerkte die Frau, daß er eine Waffe trug. Eine Stunde später, um 20.30 Uhr, sprach er Sabine D. an ...

Drei Tote auf der Reeperbahn

Aids-Angst: Amoklauf aus Rache

Bericht Seite 8

VERGELTUNG – EINE KUNST

Nicht nur dem Dichter eröffnen sich immense Möglichkeiten der Rachenahme, dies gilt gleichermaßen für den bildenden Künstler. Auch ihm steht ein weites Terrain zur Verfügung. Wut, Protest, aber auch Rachegelüste in Kreativität umzusetzen bzw. derartige Gefühle im Auftraggeber oder Betrachter zu entfachen. Ein Nachmittag in einer der größeren Kunstausstellungen wird genügen, um mindestens ein Kunstwerk zu entdecken, mit dem der Künstler Vergeltung übt. Um das Auge bei »Rachesensibilisierten« auf Streifzügen zu schulen, seien hier ein paar mehr oder weniger eindeutige Beispiele aus der Kunstgeschichte genannt:

Nehmen wir z. B. Jacques Louis David, der sich als offizieller Maler der Französischen Revolution u. a. mit dem 1793 entstandenen Bild »Der Tod von Marat« an ihr beteiligte. Dieses Gemälde, das zur Rache für den Mord an Marat aufrufen sollte, wurde 1795 aus der Pariser Abgeordnetenkammer entfernt. Die maßgeblich Verantwortlichen nannten angeblich einen eher fadenscheinigen Grund dafür: Porträts von Personen, die weniger als zehn Jahre tot seien, dürften allgemein nicht mehr ausgestellt werden.

In Greuzes Werk „Dorfbraut“ sind Anzeichen zu sehen, daß dieser, ebenso wie David, auf der Seite der Revolution stand. Dort brandmarkt er den moralischen Verfall der Aristokraten mit seiner Darstellung von der Tugendhaftigkeit und Rechtschaffenheit der Armen. Eine Art Rache gegen die Reichen seiner Zeit.

Wer sich das Porträt des Kardinal Nino de Guevara (1596–1601) von El Greco eingehend betrachtet, wird sicherlich zu ähnlicher Feststellung kommen; El Greco muß von diesem Großinquisitor nicht allzu viel gehalten haben, da er ihn trotz eines kühlen berechnenden Blicks sehr verkrampft und unsicher darstellte. Vielleicht seine Rache an diesem Modell; denn daß El Greco auch in der Lage war, ambivalenzfreie Porträts zu produzieren, sieht man an jenem Bild, das er von seinem Freund »Paravicino“, einem berühmten Prediger und Dichter, anfertigte. El Greco war von diesem zuvor in vier Sonetten geehrt worden, und so zahlte er Paravicino in gleicher Münze zurück: Es wurde ein wundervolles Gemälde. Toulouse-Lautrec, einer alten französischen Adelsfamilie entstammend, blieb aufgrund eines Unfalls seit seiner Kindheit körperbehindert. Er entwickelte sich zum Kneipengeher sowie Beobachter der Halbwelt. Ähnlich wie El Greco verstand er es vortrefflich, die manchmal wenig schmeichelhaften Charaktere seiner Modelle sichtbar zu machen, so z. B. bei »Boileau«, einem Art »Revolverjournalisten«, den er in seiner ganzen Geckenhaftigkeit, Wichtigtuerei und Brutalität abbildete. Nicht alle Künstler konnten sich solche Freiheiten erlauben, es ist eher anzunehmen, daß der harte Existenzkampf im Leben eines Künstlers ihn des öfteren dazu zwang, Porträts von Auftraggebern aufzupeppen oder hinterher zu retuschieren. Aber zu allen Zeiten reagierten Künstler mit ihren Werken auf Mißstände, Beunruhigungen und politische Strömungen, die sie nicht billigten: F. Goya, der das Massaker unter Madrider Bürgern durch Napoleonische Truppen bildlich widergab (»Der 3. Mai«), J. Ensor, der mit den Phantasiegestalten der »Intrige« seine Sorge über den selbstgefälligen Optimismus seiner Zeit darstellte, G. Grosz, der in »Deutschland, ein Wintermärchen« eine Satire auf den deutschen Spießbürger – das Chaos nach dem 1. Weltkrieg verkörpernd – schuf, oder das »Ja – Was?« – Bild K. Schwitters: die darin benutzte neue Collagetechnik war nicht nur Protest gegen den traditionellen Kunstbegriff, dies Bild ist auch als Antwort auf den Krieg zu verstehen, durch den die Welt zu Schutt und Asche wurde.

Künstlerrache gibt es in unterschiedlichster Form, auch wenn sie nicht immer so eindeutig zu erkennen ist wie auf dem oben genannten Bild von J. L. David. Vielleicht ist die Karikatur die gelungenste Form der Künstlerrache, weil sie als »legitimierte« Darstellungsweise den Künstler gleichzeitig schützt.

DIE RACHE DER DICHTER

Hochmut und Rache liegen eng beieinander, wenn die sogenannten großen Dichter ihre Selbsteinschätzung zum besten geben.

Goethe zum Beispiel hat sein Licht nie unter den Scheffel gestellt: »Da ich in Jahrtausenden lebe, so kommt es mir wunderlich vor, wenn ich von Statuen und Monumenten höre. Ich kann nicht an eine Bildsäule denken, die einem verdienten Manne gesetzt wird, ohne sie im Geiste schon von künftigen Kriegern umgeworfen und zerschlagen zu sehen . . .« Und Horaz wußte, daß es bereits vor Agamemnon Helden gab, die aber nie als solche in das Bewußtsein der Menschen drangen, weil sie nicht von Dichtern besungen wurden.

So gesehen maßten sich die Dichter zu allen Zeiten an, Ruhm und Schmach in Vergangenheit und Gegenwart auszuteilen. Treffend beschreibt es Gotthold E. Lessing in der »Rettung des Lemnius«: »Ein jeder wehrt sich, womit er kann, der Wolf mit den Zähnen, der Ochse mit den Hörnern, und die Natur selbst lehrt es sie. . . . soll der arme Dichter allein seine Waffen nicht brauchen? Und sind die mit Geißeln bewaffneten Satyrs, die ihnen Apoll zur Bedeckung gegeben, nicht das Einzige, was sie noch ein wenig in Ansehen hält? . . . ein beleidigter Mensch und ein beleidigter Poete ist es gedoppelt.« Daß es gefährlich sei, die noch lebenden Dichter zu Feinden zu haben, war auch die Meinung von Heinrich Heine. In seinem politischen Epos »Deutschland. Ein Wintermärchen« schreibt er:

»Beleidig' er lebendige Dichter nicht,
Sie haben Flammen und Waffen,
Die furchtbarer sind als Jovis Blitz,
Den ja der Poet erschaffen.«

Schön, Dichter schufen zu allen Zeiten Figuren, deren Grundmuster Menschen ihres täglichen Umgangs zugrunde lagen. Auch Götter oder Helden. Sie interpretierten dazu oder ließen weg, je nach Gusto.

Denn wie rächt man sich am besten an den Menschen seines Umfeldes? Man gibt ihnen einen anderen Namen, bringt sie in ein Epos und macht sie schlecht. Dies allerdings ist nur die zweitbeste Form, wie wir wissen. Besser als dies oder ein satirisches Schmähge-

Faximile siehe auch Seite 120

dicht ist: das Verschweigen des Gegners, das Ignorieren seiner Existenz.

Bereits aus dem alten Ägypten wurde überliefert, daß ein König den Namen seines Vorgängers auf Denkmalen aushacken ließ. Dadurch sollte der Name, also das Gedächtnis an die Person, ausgelöscht werden.

Oder wie Martial es ausdrückte: »Denn was braucht man zu wissen, daß du lebtest? Du mußt, Elender, unbekannt verkommen.«

Nicht anders im Mittelalter, der Hochblüte auch der Spott- und Schmähgedichte. Beide Formen der Rache wurden weidlich benutzt von Walther von der Vogelweide bis Baltasar Gracian, der in seinem »Handorakel der Weltklugheit« (1647) schreibt: »Es ist ein Kniff der Unwürdigen, als Gegner großer Männer aufzutreten, um auf indirektem Wege zur Berühmtheit zu gelangen, welcher sie auf dem direkten, durch Verdienste, nie teilhaftig geworden wären; von vielen würden wir keinerlei Kunde erhalten haben, hätten ihre ausgezeichneten Gegner sich nicht um sie gekümmert. Keine Rache tut es dem Vergessen gleich, durch welches sie im Staube ihres Nichts begraben werden.«

Franz Rolf Schröder schreibt in einem Essay: »Die Humanisten waren zu ihrer Zeit notgedrungen auf reiche Gönner angewiesen — an deren Stelle heute die offiziellen Forschungsgemeinschaften getreten sind, während die Zahl der Privatmäzene klein geworden ist ... Damals in den Tagen der Renaissance empfanden es Könige und Fürsten, ja selbst Päpste vielfach als Ehre, von Humanisten in ihren Werken in Widmungen voll schmeichelhaften, nicht selten auch schmeichlerischen Lobes gefeiert auf solche Weise »verewigt« zu werden.

Dies mutet oft geradezu wie naive Entdeckungsfreude eines neuen Weges zur Unsterblichkeit an, nachdem der alte christliche Heilsweg für viele erheblich an Reiz eingebüßt hatte . . .«

Gracian: »Es verewigen sich die großen Männer im Gedenken der Künftigen ... Dieses ist das einzige und das wirksamste Mittel gegen den Tod ... Lebe den Ruhm und du wirst unsterblich sein.«

Die Humanisten verfuhren als Ruhmverteiler recht unbedenklich. Bezahlte der Mäzen gut und rechtzeitig, so sprach die Widmung von ihm in hohen Tönen und versprach seinem Namen ewigen Ruhm; aber wehe, wenn da Geld ungenügend floß. Dann kratzte der Autor die Widmung wieder aus oder schrieb wütende Briefe, worin der Name des Schuldigen der Verachtung für alle Zeiten preisgegeben wurde.«

Franz Rolf Schröder führt über den intimsten Aspekt der Rache anhand Ovids „Amores" weiter aus: »Aber der Preis der Geliebten hat auch für den Dichter eine bedenkliche Seite. Wird doch durch sein Lied alle Welt auf sie aufmerksam, sein Rühmen erhöht sie in den Augen der anderen, und sie selbst wird eitel und überheblich. Nebenbuhler stellen sich ein ... und sie läßt sich zur Untreue verleiten. Undankbar vergißt sie, daß sie doch dem Dichter ihren Ruhm zu verdanken hat.«

Und so wie Ovid erging es Tausenden von Dichtern nach ihm. Rache in Form des literarischen Niedermachens ungeliebter oder nicht mehr geliebter Personen war und ist für Autoren eine ihrer leichtesten Übungen. Sie bietet sich an in der Literatur unserer Tage als Reaktion auf Verletzungen durch Beziehungen und Bezugspersonen. Rache und Abrechnen mit denen, die Schmerz zugefügt haben. Wir suchten markante Beispiele, die über das bloße Jammern und Wehklagen hinausgehen, also in etwa das Gegenteil von dem sind, was man salopp als »Neue deutsche Weinerlichkeit« in der Literatur bezeichnet.

Verschweigen wir hier an dieser Stelle die unzählbaren Beispiele literarischer Rache, so ist dies keine Rache am Leser (die folgt noch), sondern eine Herausforderung an Ihre Findigkeit. Stellen Sie uns doch mal eine Hit-Liste der aus Ihrer Sicht schönsten Rachebeispiele der Weltliteratur zusammen.

Ist vielleicht jedes Buch oder jede aufgeschriebene Geschichte eine Form der Abrechnung!? Und steckt nicht in jedem von uns auch ein Stück Michael Kohlhaas? Selbst bei Liebesgeschichten, die auf den ersten Blick nur positiv und erhöhend wirken, ist die Demontage des Liebesobjekts bereits vorprogrammiert. Ohne Haß keine Liebe — ohne Liebe kein Haß! Außer, man ist jenseits von Gut und Böse, aber wer ist das schon, die Dichter gewiß nicht.

Stichwortverzeichnis für die allgemeine Rachepraxis

Rundschreiben

Schmuck
Schornstein
Schreibwarenladen
Schwarzes Brett
Spenden
Sperma
Stimme
Storno

Telefon
Tiere
Tod

Ungeziefer
Untreue

Verführung
Verschicken

Weckdienst
Wohnung

Zucker

Quellenverzeichnis

S. R. Steinmetz
Ethnologische Studien zur ersten Entwicklung der Strafe (nebst einer psychologischen Abhandlung über Grausamkeit und Rachsucht)
1. Band, 2. unveränderte Auflage
(P. Noordhoff) Groningen 1928
Franz Rolf Schröder
Dichterrache
aus: Dichtung und Deutung; Gedächtnisschrift für Hans M. Wolff
(Hrsg.: Karl S. Guthke)
München/Bern 1961
Charles A. Hallett and Elaine S. Hallett
The Revengers Madness (A Study of Revenge Tragedy Motifs)
University of Nebraska Press/Lincoln and London 1980
Barnim Heiderich
Genese und Funktion der Rache
Diss. Köln 1972
Gerhard Zwerenz
Liebe im September; Erotische Kalendergeschichten
(Goldmann) München 1983
Ann Jones
Frauen, die töten
(Suhrkamp) Ffm. 1986 (aus dem Amerikanischen 1980)
Heinz Sobota
Der Minusmann
(Kiepenhauer & Witsch) 1979
Constanze Elsner
Das große Buch der Rache
(Goldmann) München 1986
Gerhard Hellwig
Zitate und Sprichwörter von A—Z
(Mosaik Verlag GmbH) München 1979
Friedrich Hacker
Aggression; Die Brutalisierung der modernen Welt
(rororo) Hamburg 1973
H. Marcuse, A. Rapoport, K. Horn, A. Mitscherlich u. a.
Aggression und Anpassung in der Industriegesellschaft
(Suhrkamp) Ffm. 1968
Fritz Riemann
Grundformen der Angst (Eine tiefenpsychologische Studie)
(Ernst Reinhardt Verlag) München 1961/1981
Margarete Mitscherlich
Die friedfertige Frau
(Fischer Verlag) Ffm. 1985
Wilhelm Reich
Charakteranalyse
(Fischer Verlag) Ffm. 1973

Sigmund Freud
Das Unbewußte (Schriften zur Psychoanalyse)
Herausgeber: A. Mitscherlich
(Fischer Verlag) Ffm. (1940) — 1965
Karl Kerény
Die Mythologie der Griechen Bd. 1 und 2
(dtv) München 1966/79
Robert Ranke-Graves
Griechische Mythologie; Quellen und Deutung Bd. 2
(Rowohlt) Hamburg 1955/77
Hermann Schreiber
Auf den Spuren der Goten
(Paul List Verlag KG) München 1977
Wußten Sie, daß . . .?
Erstaunliches rund um die Welt
(Verlag Das Beste GmbH) Stuttgart 1986
Otto Zierer
Bild der Jahrhunderte; Weltgeschichte Bd. 11
(Bertelsmann) Gütersloh
S. Fischer-Fabian
Die Deutschen Cäsaren
(Droemer Knaur Verlag, Schoeller & Co.) Locarno 1977
Dora J. und Horst W. Janson
Malerei unserer Welt. Von der Höhlenmalerei bis zur Moderne
(Du Mont-Verlag) Schauberg, Köln 1960
Welt in Farbe Tb. der Kunst
Henri de Toulouse-Lautrec (Einführung S. Hunter)
El Greco (Einführung Prof. Dr. H. Kehrer)
(K. Desch Verlag) München 1953
Die Bibel oder die ganze heilige Schrift
AT und NT nach der deutschen Übersetzung D. M. Luthers
Privileg. Württ. Bibelanstalt, Stuttgart 1948
Biblische Stätten einst und heute
(Verlag Das Beste) Stuttgart 1983

Affenmutter rächte sich

DHAKA, 8. März (Reuter). Eine Affenmutter, deren neugeborenes Junges von Jugendlichen zu Tode gesteinigt worden war, hat in der vergangenen Woche in der Stadt Narayanganji in Bangladesch fast 70 Menschen, zumeist Schulkinder, überfallen und zum Teil gebissen. Das teilte die Polizei in Dhaka am Sonntag mit. Ärzte in Narayanganji erklärten, sie hätten mindestens 50 Personen mit Bißwunden behandeln müssen. Einwohner berichteten, die Amok laufende Affenmutter habe auch Küchenräume verwüstet und Kleider von der Wäscheleine gestohlen.

VERGEWALTIGUNG

ICH WÜNSCHTE, ER WÄRE TOT

Mißbrauchte Frauen haben über ihre Angst gesprochen, die Demütigung, den Ekel, den »Mord an der Seele«. Doch ihr Wunsch nach Rache blieb ein Tabu. Jetzt sorgt der Film »Extremities« dafür, daß dieses Schweigen gebrochen wird. Natascha L. und andere Opfer reden über Vergeltung

Was Farrah Fawcett als Marjorie auf der Kinoleinwand erlebt, ist der 21jährigen Natascha L. in Wirklichkeit passiert: Ein Mann überwältigte sie, quälte sie, folterte sie und brachte sie beinahe um. Sie sagt: »Ich möchte einfach sicher sein, daß ich ihm nie wieder begegne«

Am Anfang, sagt Dagmar B., hätte sie den Mann, der ihr all das angetan hat, umbringen können. Jetzt hofft sie, »daß sie ihn lange genug einsperren, daß ich ihn nie mehr wiedersehe«. Sie hat nun Angst vor dem Prozeß.

Im Film »Extremities« weist der Täter Marjorie höhnisch darauf hin, daß sie vor Gericht mit ihrer Aussage wenig Chancen haben werde. Daraufhin will sie ihn töten. Um sich für die erlittenen Qualen zu rächen, aber mehr noch, um die lebenslange Angst vor diesem Mann loszuwerden.

Natascha L., das Opfer von GI Dana, sagt: »Ich war früher immer gegen die Todesstrafe. Aber jetzt möchte ich, daß dieser Mann tot ist. Ich möchte einfach sicher sein, daß ich ihm nie wieder be-

SELBSTJUSTIZ ALS LETZTER AUSWEG?

Wenn die Opfer von Polizei und Gerichten alleingelassen werden, kommen sie – im Film und in der Wirklichkeit – auf die Idee, ihr Recht selber in die Hand zu nehmen. Oder sie wünschen sich, der Täter möge sich umbringen. »Das wäre eine Erlösung«, sagt Natascha L.

Blutrache in Deutschland

Vergewaltiger erschlagen

Der Stiefvater klingelte. Als die blonde Petra N. (17) aufmachte, fiel Dieter K. (48) über sie her, vergewaltigte sie. Das war sein Todesurteil ...

Nach dem schrecklichen Erlebnis im März 1986 in Hagen vertraute sich Petra ihrem Bruder Uwe N. (27) und ihrem Freund Alexander Sch. (20) an. Die beiden erstatteten Anzeige. Petras Stiefvater wurde festgenommen, am nächsten Tag aber wieder freigelassen.

Der Bruder gestern vor Gericht: „Ich kam nicht darüber weg, daß der wieder draußen war – nur weil er angegeben hatte, Petra habe es freiwillig und auch noch für Geld getan."

Fünf Tage nach der Tat nahmen die beiden Blutrache. Sie kletterten durchs Fenster in die Wohnung des Stiefvaters, warteten drei Stunden. Als Dieter K. kam, stach ihm Uwe ein Messer in den Bauch. Das Opfer rollte die Treppe runter.

„Hau drauf!" schrie Alexander – da erschlug der kräftige Uwe den Stiefvater mit einem Hammer. Der Prozeß geht weiter.

Arbeiter Uwe N. Vor der Tat rief er den Freund seiner Schwester an: „Jetzt hau ich ihm auf die Fresse."

Töchter mißbraucht: Mutter rächte sich

a Bochum. – Er hatte ihre beiden elf- und 13jährigen Töchter mehrfach sexuell mißbraucht. Da nahm die 45jährige Mutter der beiden Kinder ein Messer und stach auf den 61jährigen Bergmann ein: Einmal, zweimal, dreimal. Sie verletzte ihn schwer am Kopf, Oberschenkeln und Armen. Doch der Sexverbrecher hatte Glück: er überlebte.

Die Hausfrau aus Herne hatte den Gangster angezeigt. Er wurde auch festgenommen. Doch die Richter ließen den arbeitslosen Bergmann wieder laufen, bis sein Prozeß begann. Da drehte die Mutter durch: „Ich kam nicht darüber hinweg, daß der Kerl noch frei herumläuft. Da wollte ich ihm eine Lektion erteilen."

Jetzt steht die 45jährige Mutter in Bochum wegen Mordversuches vor Gericht.

BILD am SONNTAG, 28. Dezember 1986

Rache für Strafzettel

Minister verprügelte Polizisten

Schlagfertige Politiker sind selten. Der bolivianische Industrieminister Roberto Gisbert war's zu sehr: Er mußte zurücktreten. In seinem Ministerbüro hatte er einen Polizisten krankenhausreif geprügelt.

Das kam so: Der Minister und sein Chauffeur hatten den Dienstwagen in der Hauptstadt La Paz abgestellt. Sie wollten ein paar Besorgungen machen. Polizist Pascual Huanapaco (48) steckte einen Strafzettel wegen Falschparkens unter den Scheibenwischer. Sein Name stand drauf.

Der Minister zitierte ihn ins Ministerium. Kaum war der pflichtbewußte Beamte im Büro, schloß Gisbert die Tür ab und beschimpfte den armen Polizisten. Aber das reichte dem Minister immer noch nicht. Mit Händen und Füßen drosch der ehemalige Amateurboxer auf den Polizisten Pascual ein. Der – klein und schmal und deshalb alles andere als ein Bulle – erlitt eine Gehirnquetschung und schwere Blutergüsse.

Der Minister log erst mal: „Er hat mich angegriffen. Ich habe nur zweimal zurückgeschlagen." Ministermitarbeiter sagten aber: „Er neigte dazu, auch im Ministerium Probleme mit Faustschlägen zu lösen."

Jetzt hat Roberto Gisbert keine mehr – jedenfalls im Ministerium!

Geschworene haben Angst vor Terroristen-Rache

Nach Morddrohung gingen fünf: Prozeß geplatzt

ap Wiesbaden/Paris.– Die Terroristen der „Roten Armee Fraktion" (RAF) und und der französischen „Action Directe" (AD) stimmen ihr Vorgehen nach Ermittlungen des Bundeskriminalamtes (BKA) miteinander ab. Diese Absprachen werden laut BKA durch die Anschläge auf führende Industrielle und andere Persönlichkeiten in der Bundesrepublik und Frankreich seit Anfang 1985 belegt. Außerdem hätten beide Organisationen Sprengstoff verwendet, der aus einem Einbruch stammte.

Der Pariser Prozeß gegen drei mutmaßliche Mitglieder der „Action Directe" ist am Montag geplatzt, weil nicht ausreichend Geschworene zum vierten Verhandlungstag erschienen. Bereits zur letzten Verhandlung am Freitag waren vier nicht gekommen; sie waren ersetzt worden.

Die Geschworenen und ihre Vertreter haben Angst vor Anschlägen der Terroristen. Der Hauptangeklagte und Mitbegründer der „Action Directe", Regis Schleicher, hatte Richter und Geschworene zu Prozeßbeginn vor der „Strenge der proletarischen Justiz" gewarnt. Schleicher wird beschuldigt, 1983 zwei Polizisten in Paris ermordet zu haben.

Einige Geschworene entschuldigten sich mit Krankheit oder familiären Gründen. Einer soll dem Gerichtsvorsitzenden unter Tränen erklärt haben, er könne nicht mehr.

Das deutsche BKA bat die Bevölkerung nochmals um Mithilfe bei der Fahndung nach den RAF-Anführern Henning Beer (28), Sabine Callsen (25), Wolfgang Grams (33), Birgit Hogefeld (30), Andrea Klump (29), Barbara Meyer (3o), Horst Meyer (30), Christoph Seidler (28), Thomas Simon (33), Sigrid Sternebeck (37) und Inge Viett (42).

Der Bielefelder Student Jens Klede (24), der einen Anschlag auf ein Siemens-Gebäude in der westfälischen Stadt geplant haben soll, war den Fahndern bereits seit Anfang der achtziger Jahre als Sympathisant der RAF bekannt. Die Polizei sei jedoch zunächst davon ausgegangen, daß er nicht zu den Militanten der RAF gehöre.

Unter der Beschuldigung der Beihilfe zum Mord und des Mordversuchs ist in Fresnes bei Paris Dachdecker Gilbert Vecchi (32) verhaftet worden. Er soll an dem Bombenanschlag auf ein Gebäude der Pariser Kriminalpolizei am 9. Juli dieses Jahres beteiligt gewesen sein, bei dem ein Inspektor ums Leben kam und 27 Menschen verletzt wurden.

Nicht trotz, sondern wegen Helmut Kohl hat die CDU so schlecht abgeschnitten – schon kündigt Franz Josef Strauß düster „Konsequenzen" an, schon freut sich der liberale Koalitionspartner auf die Koalitionsverhandlungen: „Rache ist süß." Die Sozialdemokraten, mit einem blauen Auge davongekommen, stehen vor innerparteilichen Konflikten, die Grünen, vollends zufrieden mit ihrem Zuwachs, hoffen auf „neue Mehrheiten".

Die bundesdeutschen Wähler – so sie überhaupt Lust zu wählen hatten (die Wahlbeteiligung lag bei 84,4 Prozent), haben eben nicht mehr wie einst – Augen zu, CDU – allein nach ihrem Portemonnaie gewählt, die Union hat die Ängste vor Atomkraft, Sternenkrieg, Arbeitslosigkeit und Verseuchung von Wasser und Luft sträflich mißachtet.

Nun kann auch Kohl wohl nicht mehr mit einem glatten „Nein" abtun, was der nordrhein-westfälische CDU-Chef Kurt Biedenkopf im Wahlkampf meinte: daß die Grünen wenigstens die richtigen Fragen stellen. Die Wähler sind da offensichtlich anderer Meinung, als sie die Grünen mit satten 8,3 Prozenten belohnten und auch die Sozialdemokraten, im Wahlkampf im wesentlichen mit sich und ihrem Generationsproblem in der Führung beschäftigt, gerade noch passabel (37,0 Prozent) abschneiden ließen.

Dagegen hat der Ausgang der Wahl die Liberalen in ihren schönsten Erwartungen (nahezu) bestätigt. Sie hatten sich als Alternative für alle angepriesen, die Störenfried Strauß von Bonn fernhalten wollen, die eine absolute Mehrheit fürchten. Unterschwellig warben sie auch um jene in ihren gehobenen Wählerschichten, die Kanzler Kohl zu dümmlich und zu tolpatschig finden. Diese Rechnung also ist aufgegangen.

Nunmehr werden Genscher und Bangemann, jeder auf seine Art, den Erfolg auskosten. Der Außenminister hat einen Triumph über seinen Münchener Widersacher errungen. Der Vorsitzende kann sich, gegen alle seine Kritiker in der eigenen Partei, darauf berufen, er habe die FDP nach der Wende endgültig stabilisiert.

In vollen Zügen genießen die Liberalen die Niederlage ihres Partners. Ein entscheidendes Wahlziel haben sie erreicht: Kohl geht geschwächt in die Koalitionsgespräche. „Rache ist süß", meinte ein Präsidiumsmitglied.

USA drohen Europa Vergeltung an

Burt fordert freien Zugang zu Märkten / EG-Staaten sollen mehr rüsten

Von unserem Redaktionsmitglied Ulrich Mackensen

MÜNCHEN, 1. Februar. Der US-Botschafter in der Bundesrepublik, Richard Burt, hat die westeuropäischen Länder aufgefordert, den USA freien Zugang und ungehinderten Wettbewerb auf den europäischen Märkten zu ermöglichen. „Wir dürfen nicht länger ausgeschlossen sein", sagte Burt am Wochenende bei der 24. internationalen Wehrkundetagung in München. Und der Botschafter fügte hinzu, wenn die Europäer ihre Haltung nicht änderten, werde es zu einer „Vergeltung" durch die USA kommen. Burt sprach vor rund 180 Politikern, Wissenschaftlern, hohen Militärs und Journalisten aus zwölf NATO-Ländern sowie Österreich, der Schweiz und Japan.

Nach Ansicht Burts gibt es eine enge Verbindung zwischen Sicherheitspolitik und Wirtschaft in den europäisch-amerikanischen Beziehungen. Es sei zwar richtig, daß die USA mehr Rüstungsgüter nach Europa exportierten als umgekehrt, bei anderen Produkten hätten die Europäer jedoch eindeutig die Überhand. In diesem Zusammenhang kritisierte Burt mit großer Schärfe die europäische Agrarsubventionspolitik. Die „phantastischen Agrarsubventionen" hätten die EG fast bankrott gemacht, auf der anderen Seite brauchten die Europäer mehr Geld für die konventionelle Verteidigung. Wenn die EG ihre landwirtschaftlichen Zuschüsse um ein Drittel kürzte und dieses Geld dann für die Verbesserung der konventionellen Verteidigung ausgäbe, dann wäre das sinnvoll, meinte Burt.

Bundesverteidigungsminister Manfred Wörner hatte zuvor die Entwicklung in der Sowjetunion unter Michail Gorbatschow mit vorsichtigem Optimismus beurteilt. Wörner entwarf zwar das Bild einer nach wie vor hoch rüstenden und vor allem in der konventionellen Bewaffnung weit überlegenen Sowjetmacht, sagte jedoch auch, es sprächen gewisse, „in ihrer Bedeutung allerdings noch nicht sichere Anzeichen für Veränderungen im Verhalten der Sowjetunion gegenüber dem Westen und für eine mögliche Revision sowjetischer Interessenbestimmungen im Verhältnis zu Rüstung und Militäranhäufung".

Als vorrangiges Ziel der Rüstungskontrollpolitik nannte Wörner eine Verringerung der nichtatomaren Waffenpotentiale. Dabei hält Wörner Fortschritte noch in diesem Jahr für möglich.

Der sozialdemokratische Sicherheitspolitiker Egon Bahr erweiterte seinen schon früher gemachten Vorschlag, zwischen NATO und Warschauer Pakt in Europa einen jeweils 150 Kilometer breiten Korridor einzurichten, der von atomaren und chemischen Waffen frei sein sollte. Nach Ansicht Bahrs würde es die Angriffsfähigkeit beider Seiten vermindern, wenn dieser Korridor auch von schweren Waffen wie Artillerie und Panzern frei bliebe.

(Siehe auch Seite 3)

■ Familie erschossen – es war Rache

In einem kleinen westindischen Dorf im Staate Panjab stürmten Sikh-Extremisten in das Haus einer Familie und mähten sie mit Maschinenpistolen nieder. Ein Racheakt – Ende November hatten Terroristen im gleichen Dorf eine sechsköpfige Sikh-Familie ermordet.

Blutige Rache der Hindus

Schwere Krawalle in Neu-Delhi / 80 Sikh-Führer verhaftet

NEU-DELHI, 2. Dezember (dpa/AP). Zwei Tage nach dem Blutbad von Sikh-Extremisten unter Hindus im indischen Bundesstaat Punjab war Neu-Delhi am Dienstag erneut Schauplatz blutiger Ausschreitungen. In zahlreichen Bezirken der indischen Hauptstadt übten Hindus Vergeltung für den Mord an ihren Glaubensbrüdern. Sie verwüsteten Häuser und Geschäfte von Sikhs und zündeten ihre Autos an. Zahlreiche Menschen wurden verletzt.

In Punjab selbst, wo seit Sonntag 36 Menschen bei Zusammenstößen zwischen Hindus, Sikhs und Polizei getötet wurden, herrschte am Dienstag gespannte Ruhe. Der Ruf nach einem Generalstreik wurde aber immer stärker. In mehreren Städten des Punjab, wo die Sikhs eine schwache Mehrheit bilden und im wirtschaftlichen Leben als dominierend gelten, wurden unterdessen 80 Sikh-Führer festgenommen. Zu ihnen gehört der frühere Regierungschef des nordwestlichen Bundesstaates, Prakasch Singh Badal, und Gurcharan Singh Tohra, ein einflußreicher religiöser Sikh-Führer. Die Regierung wirft ihnen Sympathie mit terroristischen Sikh-Kreisen vor.

Nach Mitteilung der Polizei wurden bei den Krawallen in Neu-Delhi 350 Menschen festgenommen. Insgesamt seien 32 000 Polizisten und 7000 Bereitschaftspolizisten im Einsatz gewesen. Nach Augenzeugenberichten begannen die Unruhen vor einem Sikh-Tempel, vor dem rund 2000 Hindus protestierten. Polizisten hätten mit Revolvern und Schlagstöcken versucht, die Demonstration aufzulösen. Zu weiteren Zusammenstößen kam es nach Mitteilung der Polizei, als Demonstranten in der indischen Hauptstadt einen für Dienstag ausgerufenen Generalstreik gewaltsam durchzusetzen versuchten, indem sie den Verkehr blokkierten und die Schließung von Läden erzwingen wollten. Die seit zwei Tagen andauernden Zusammenstöße waren durch den Überfall eines Sikhs-Kommandos auf einen Überlandbus ausgelöst worden, bei dem am Sonntag die Hindus unter den überwiegend moslemischen Fahrgästen ausgesondert und 24 von ihnen erschossen wurden.

Wasi: Ich hasse die Strecke, sie hat sich gerächt

Von MARKUS WASMEIER

Österreichs Ski-König Karl Schranz hat mir hier in Crans-Montana gesagt: „Die Strecke verzeiht es dir nicht, wenn du sie nicht magst." Er hatte Recht. Ich konnte mich mit der „Piste Nationale" nicht anfreunden und habe jetzt die Quittung: Platz 9. Ich bin dennoch zufrieden. Es war eben kein Kurs für Techniker, wie ich es einer bin.

Das Rennen begann für mich bereits 24 Stunden vor dem Start. **Nach dem Training mußte ich mit starken Schmerzen im rechten hinteren Kniebereich unseren Arzt aufsuchen.** Dr. Münch stellte eine Muskelverhärtung an den Stellen fest, wo Muskeln und Sehnen zusammenwachsen. Eine Folge von Überbelastung. Er verordnete Massagen und Behandlungen mit Heilsalben.

Am Abend erhielt ich eine große Spritze mit Natur-Heilmitteln. Burschi, unser Arzt, setzte die Nadel mehrere Male an, spritzte aber nur leicht unter die Haut. Wie immer fielen mir gegen 22 Uhr die Augen zu. **Ich ging ins Bett und schlief sofort ein.**

Meine innere Uhr weckte mich um sieben. Welche Erleichterung, als ich nach dem Aufstehen feststellte: **Die Schmerzen, die sich wie Nadelstiche bemerkbar machten, hatten nachgelassen.** Die Überlegungen vom Vorabend, auf die Abfahrt zu verzichten, um für die restlichen Wettbewerbe kein Risiko einzugehen, waren wie weggeblasen.

Aus Vorsicht wurde das morgendliche Joggen gestrichen. Dafür mehr Gymnastik. Nach dem Frühstück (Müsli) legte mir Dr. Münch einen Stützverband an.

Um 8.30 Uhr ging's zum Einfahren. **Ich bin bis an mein Limit gegangen, schließlich mußte ich sicher sein, daß ich ohne Probleme starten kann.** Der Test verlief zufriedenstellend.

9 Uhr Besichtigung. Die Piste ist in gutem Zustand. Aber die Sprünge sind immer noch da – natürlich. Und die meisten enden im Flachen. **Ich hasse sie.**

Um 12 Uhr beginnt Pirmin Zurbriggen das Rennen. Ich komme 15 Minuten später mit Nr. 10. Im Takt des Sekundenzeigers pumpe ich vier – drei – zwei – und ab. Vier Schlittschuhschritte und dann in die Hokke. Nach dem ersten Sprung bei Cry d'Err die Erleichterung: **Keine neuen Schmerzen.** Ich kämpfe, springe, kämpfe, springe – bis ins Ziel. Es war zwar meine beste Fahrt hier, aber Spaß hat's nicht gemacht. **Dennoch bin ich für die Kombi-Abfahrt heute zuversichtlich. Eine Medaille ist drin.**

Fans drohen vor Kölner Schlagerspiel:

„Wir rächen Toni"

si Köln. – „Wer Toni schlägt, hat die Rechnung ohne uns gemacht. Die Südkurve." „Toni, wir rächen dich. Wir kämpfen für dich." Diese Transparente – aggressive Zuneigungsbeweise und zugleich unverhüllt drohende Kampfansagen – schmückten in diesen Tagen Toni Schumachers Hauswand in Köln-Hürth. 50000 Zuschauer werden zum Schlagerspiel gegen Bayern München am Samstag im Müngersdorfer Stadion erwartet. Die Gefahr ist nicht auszuschließen, daß die Fans in der Südkurve ein Schlägerspiel daraus machen wollen.

„Toni war und ist das Idol dieser Kurve. Die Enttäuschung seiner Fans ist zu verstehen", meint FC-Geschäftsführer Michael Meier, „sie sehen unsere Entscheidung gegen Toni unter sportlichen Aspekten, und sportlich ist Schumacher die Nummer eins."

Meier teilte Schumacher am Mittwoch mit, daß er gegen die Bayern auch nicht auf der Bank sitzen werde. Bis dahin ging der Ex-Nationaltorhüter noch davon aus, eventuell sogar eingesetzt zu werden. Illgner steht im Tor, Jugend-Nationaltorwart Uwe Brunn ist Reservist.

Der Fall Schumacher aber ist noch nicht ausgestanden, und das liegt an der keineswegs einigen FC-Führung. „Schumacher kann weiterhin am Trainings- und Spielbetrieb teilnehmen. Er ist nicht gesperrt und könnte spielen", erklärte vor Tagen Präsident Weiand.

„Toni wird nicht mehr für uns spielen", sagte Meier, der den Klub derzeit als Ein-Mann-Betrieb führt und mit seiner Aussage vor allem Trainer Daum aus der Schußlinie nehmen wollte. Daum seinerseits aber hält sich noch ein Hintertürchen offen, falls sich Illgner im Kölner Kampf um einen UEFA-Cup-Platz einmal verletzen sollte.

Bodo Illgner verfolgt das Treiben mit einer für sein Alter (19) ungewöhnlichen Ruhe: „Ich konzentriere mich ganz aufs Spiel. 50000 Zuschauer machen mich nicht nervös, das ist doch im Gegenteil eine feine Sache."

Der Büstenhalter-Sketch beschwor eine Staatsaffäre herauf

Rudi Carrell

Seine Familie fürchtet Khomeinis Rache!

Rudi mit Sohn Alexander und Ehefrau Anke vor seinem Haus bei Bremen – nach Morddrohungen hat er Angst um seine Familie

Jeder Witz über den Revolutionsführer Ayatollah Khomeini (85) ist eine Gotteslästerung, eine Todsünde. Wer ihn beleidigt, muß sterben! So ist es heute noch – jedenfalls im Iran.

Showmaster Rudi Carrell (52) hat sich einen Witz mit dem Ayatollah erlaubt – in seiner Satire-Sendung „Tagesshow" am 15. Februar. Darin wurde Khomeini in einer Bildmontage mit Körben voller Büstenhalter und Slips beschenkt – von begeisterten Frauen, anläßlich des achten Jahrestages der iranischen Revolution. Gerade 15 Sekunden dauerte der TV-Gag.

Oben: Carrell mit Susanne Czepl (l.) und Ulrike von Möllendorf in der umstrittenen TV-Sendung. Rechts: Ayatollah Khomeini

Beinahe unglaublich: Rudis TV-Sketch hat sich innerhalb weniger Tage zur Staatsaffäre ausgeweitet – der Iran schloß einen Tag nach der Sendung seine Generalkonsulate, die Fluggesellschaft „Iran-Air" strich alle Flüge, Aufruhr vor der deutschen Botschaft in Teheran, der iranische Ministerpräsident sprach von einem feindseligen Akt...

Besonders schlimm: Rudi Carrell muß um sein Leben fürchten – fanatische Anhänger Khomeinis, blindwütige Killer-Kommandos, bedrohen den holländischen Spaßmacher! Seine neue „Tagesshow" konnte Carrell nur unter Polizei-Schutz vorbereiten – 500 Polizisten waren zum Schutz von Radio Bremen abkommandiert. Weitere Spezialisten mit Anti-Terror-Ausbildung bewachten nach Morddrohungen Tag und Nacht Carrells Haus in Wachendorf bei Bremen. Zwar hat Rudi inzwischen die „Verärgerung" über seinen Gag bedauert. Aber die Sorge um das Leben seiner Frau Anke (46) und seines Sohnes Alexander (9) bleibt. Denn Sicherheitsexperten sagen: „Die sogenannten Revolutions-Wärter, meist junge Kämpfer, mit Maschinengewehren ausgestattet, sind zum Äußersten entschlossen..." Auch wenn es sich Rudi Carrell nicht anmerken läßt – seine Angst sitzt tief! ■

Text: rh; Fotos: dpa (2), Keystone

Gunther Gabriels pikante Telefon-Rache

Wenn ich heute Gunther Gabriel treffe, trinken wir immer einen Champus auf unser Telefongeheimnis:

Gunther hatte – wie alle Prominenten – eine Geheimnummer. Einmal rief ich an – und lachte schallend über seinen Anrufbeantworter: „Hallo, hallo, hallo. Mann, was iss'n da los. Mensch, det... hallo, ich verstehe Sie schlecht. Sprechen Sie etwas.

Hallo. Ja, ich bin es – was? Nein, ich bin nicht da. Hier ist Gunther Gabriel – wer ist denn da? Nein, ich bin nicht da. Sprechen Sie auf dieses Gerät, na los, sprechen Sie – Ende."

Ich fand den Text so witzig, daß ich ihn mit seiner Nummer in meiner Kolumne druckte. Er war wütend und revanchierte sich gekonnt: In den berühmt-berüchtigten Spalten („Neue Hosteß", „Busenwunder") der größten Berliner Zeitung veröffentlichte er eine Anzeige unter meinem Namen und mit meiner Telefonnummer!

Es war schrecklich. Ich bekam eindeutige Angebote, Einladungen, Anfragen. Drei Tage lang Obszönitäten – dann erhielt ich von der Post eine neue Nummer.

Heut' hat unsere hübsche liebe Renl Geburtstag. Sie freut sich über jeden Anruf: [redacted] 54 23

Seite 12 · Abendpost-Nachtausgabe Freitag, 12. Dezember 1986

Angst vor Rache: Fünf Leibwächter

Getrennte Blicke, getrennte Wege: Holm und die Collins.

„Denver-Hexe" Joan zittert vor Noch-Ehemann Peter – Er denkt ans Geld

Von Norman Schreiber

Los Angeles. – Joan Collins (53) hat panische Angst vor ihrem Ehemann Peter Holm (39), von dem sie sich – wie berichtet – scheiden läßt. Deshalb heuerte sie jetzt Madonnas Leibwächter an: Doug Collins (47) zog mit vier Assistenten in ihre Villa ein und bewacht die „Denver-Hexe" rund um die Uhr.

Doug Collins hat Erfahrungen mit Prominenten: Er schützte bereits Barbra Streisand, Paul Newman, Neil Diamond und Frank Sinatra. Freunde von Joan: „Peter wird erst später merken, was die Scheidung bedeutet. Vor diesem Augenblick hat Joan Angst. Denn dann wird er auf Rache sinnen."

Inzwischen denkt Holm mehr ans Geld. Für umgerechnet mindestens eine halbe Million Mark bietet er Enthüllungen über seine Ehe mit der Hollywood-Königin zum Kauf an.

Ein Freund: „Peter ist bereit, offen und schonungslos auszupacken, wenn die Kasse stimmt. Die Gebote müssen bei einer halben Million starten. Nach oben gibt's natürlich keine Grenzen." Erst wenn der Kaufpreis auf seinem Bankkonto verbucht ist, will Holm auch über intime Details auspacken.

Seine Anwälte arbeiten inzwischen daran, ihm einen Anteil am Millionenvermögen seiner Frau zu sichern. Sollte das nicht gelingen, hat er immer noch die Einnahmen aus seinen Lebenserinnerungen.

Seine Ankündigung, über die Ehe in der Öffentlichkeit auszupacken, hat Joan Collins ebenso geschockt wie die Tatsache, daß Holm ein uneheliches Kind in Schweden hat. Er überwies jeden Monat vom Konto der Schauspielerin umgerechnet über 5000 Mark Unterhalt an die 16jährige Sabegnea von Gaffke.

Joan Collins bemüht sich unterdessen aber auch, über die eingeleitete Scheidung hinwegzukommen: „Ich habe mehr Glückwunschtelegramme als zur Hochzeit bekommen. Er ist ein echter Bastard. Seit ich mich zur Scheidung entschlossen habe, ist eine Last von meinen Schultern genommen."

Ein Prinz, ein Sänger, ein Skandal

Serge Gainsbourg

Ich räche meine Tochter

Von JOCHEN LEIBEL

Frankreichs Star- und Sexsänger Serge Gainsbourg (58, „Je t'aime") schäumt, schwört Rache: „Wenn diese Burschen nicht hart bestraft werden, greife ich selbst zur Knarre und erledige das!"

Die „Burschen": Fürstensproß Prinz Edouard de Faucigny-Lucinge (21) und zwei Komplizen, ebenfalls aus Frankreichs „Oberen Zehntausend".

Charlotte sollte entführt werden

Sie wollten Gainsbourgs Tochter Charlotte (15) entführen, waren Montagnacht in Paris festgenommen worden. Frankreich hat seinen Gesellschafts-Skandal...

Wachpolizisten überfallen

Prinz Edouard, Philippe Lachavanne (20) und Laurent Communier (21) – alle drei Studenten – hatten Montag zwei Wachpolizisten vor dem Haus des Pariser Vize-Bürgermeisters Jaques Tiberi überfallen, um deren Uniformen zu erbeuten. Nach einem Schußwechsel wurden sie auf der Flucht festgenommen. Dabei erlitt der Prinz einen Lungenschuß, wurde sofort operiert.

Sie wollten 1,5 Millionen

In der Vernehmung gaben seine Komplicen zunächst an, der Terror-Organisation „Action directe" anzugehören, rückten dann mit dem Entführungsplan raus, mit dem sie umgerechnet 1,5 Mio Mark erpressen wollten. Das Versteck in einem Ferienhaus in der Bretagne war schon vorbereitet.

Die zwei im Verhör: „Charlotte wird nie von einem Leibwächter begleitet, die Eltern sind schwerreich – das wäre ein guter Fang geworden."

Aber nicht ihr erster Coup: Sie gaben einen Überfall auf ein Pariser Juwelier- (Beute für 300 000 Mark) und ein Waffengeschäft zu. Die Waffen aus dem Überfall wurden in der Wohnung einer Freundin gefunden.

Charlotte lebt bei ihrer Mutter und Ex-Gainsbourg-Geliebten, der Schauspielerin und Sängerin Jane Birkin (39) im vornehmen 7. Pariser Bezirk, geht aufs Gymnasium. Mit Vater Serge drehte sie 1986 den Film „Auf ewig Charlotte", in dem es zu heftigen Sex-Szenen zwischen Vater und Tochter kommt.

Zuviel erzählt?

Frank Sinatra enterbt Sohn!

Das hat er nun davon: Statt Millionen gab's für Sinatra-Sohn Frank jr. nur ein paar kräftige Ohrfeigen. Grund: Der junge Sinatra konnte den Mund nicht halten. Junior-Frankie hatte nämlich einer Journalistin gegen den ausdrücklichen Willen seines Vaters ein Interview gegeben und dabei sehr private Dinge ausgeplaudert. Der 71jährige Frank erfuhr erst davon, als er nach einer Darmoperation aus dem Krankenhaus entlassen wurde. Schon während seines Klinik-Aufenthaltes hatte er sich darüber geärgert, daß sein einziger Sohn ihn nicht besucht hatte. Aus gutem Grund. Der hatte nämlich ein schlechtes Gewissen! Zu Hause gab's dann ein kräftiges Donnerwetter! Als Frankie-Boy von dem Interview erfuhr, regte er sich so auf, daß er seinem Sprößling erst einmal ein paar kräftige Ohrfeigen gab. Weit mehr als die Backpfeifen schmerzte den jungen Sinatra aber der zweite Teil der vorweihnachtlichen Bescherung: Frank Sinatra hat seinen Sohn aus dem Testament gestrichen! Das heißt: Der Sinatra-Sohn bekommt keinen Pfennig. Das war Frankie-Boy aber immer noch nicht genug. Er hat seinen Sohn vor die Tür gesetzt und jeglichen Kontakt zu ihm abgebrochen.

ößt

Holly-
n (64):
w York
t seither
aßt das
uholen.

Der Rächer von New York jagt Killer und Verbrecher

Charles Bronson kehrt in seiner berühmtesten Rolle ins Kino zurück: Zwölf Jahre nach „Ein Mann sieht rot" startet er als Paul Kersey einen neuen Ein-Mann-Feldzug gegen das Verbrechen – „Death Wish 3 – Der Rächer von New York".

Ein Freund aus seiner Militärzeit ruft Bronson um Hilfe. Als er in New York eintrifft, ist der Freund tot – ermordet und gräßlich verstümmelt. Unter Mordverdacht wird Bronson verhaftet. Der Polizeichef kann sich noch gut an ihn erinnern. Schließlich hat er vor über zehn Jahren, nachdem seine Frau ermordet und seine Tochter vergewaltigt worden war, im Alleingang mit den Gewaltverbrechern in seinem Stadtviertel aufgeräumt.

Mit Hilfe einer jungen Anwältin schließt Bronson ein Abkommen mit dem Polizeichef. Er soll da weitermachen, wo er vor zehn Jahren aufgehört hat. Mit der Hilfe entschlossener Nachbarn macht sich Kersey erneut auf, Killer und Verbrecher zu jagen und zu bestrafen. **(Alemannia)**.

NIGHTMARE II

DIE RACHE

A ROBERT SHAYE Production "A NIGHTMARE ON ELM STREET PART 2: FREDDY'S REVENGE" Starring MARK PATTON
ROBERT ENGLUND as FREDDY KRUEGER
ROBERT RUSLER · CLU GULAGER · HOPE LANGE · STEPHEN DIENER · STANLEY DUNN
CHRISTOPHER YOUNG · JACQUES HAITKIN · SARA RISHER · DAVID CHASKIN
MICHAEL MURPHEY · JOEL SOISSON · ROBERT SHAYE · JACK SHOLDER
DELTA/ARSENAL

20.15 **Rache ist ein süßes Wort**

Letzter Teil: Tracy will einen Safe ausräumen

T Tracy … Coope… ist ihr ei… Rosi…

…wechslungsspiel Daniel …nther Hartog zurück. Der …lehnt ab. Sie fährt als „Her…, verschafft sich Einlaß in das …d versucht, den Safe zu-knacken. …nd türmt mit der Beute. (90 Min.)

52 Pick-Up
Ewig zahlen oder Rache nehmen

Sex, Erpressung, Mord, Rache – es ist ein böses Milieu, in dem **52 Pick-up** spielt. Ein Seitensprung des Unternehmers Harry Mitchell (Roy Scheider) mit der hübschen Cini endet brutal: Erpresser haben ihn beim Liebesspiel gefilmt, fordern 105 000 Dollar für das Videoband. Weil Mitchell nicht zahlt, bekommt er bald einen zweiten Film zu sehen: Er zeigt den Mord an Cini – mit seinem Revolver, den die Gangster gestohlen haben! Diesmal wird das Schweigegeld höher: 105 000 Dollar – jedes Jahr erneut zahlbar … Unser Urteil: Actionfilm für harte Gemüter. Ab 18 (Esprit 2)

23.45 **Phantom der Oper** Gruselfilm von 1943

Die Rache eines verkannten Musikers

In den Katakomben der Pariser Oper haust der Musiker Erique Claudin. Er fühlt sich ve…nnt und betrogen. In zuneh… geistiger Verwirrung … er unter den Sch… Angst und Schreck… ges entführt er … Christine, die e… erkennen zu g… gefördert h…

Claudin … in den … son … Fos… (E…

Rache aus dem Reich der Toten

US-Gruselfilm mit Fred Astaire, Melvin Douglas

Verfolgt: Hawthorne (Fred Astaire)

Vier alte Herren haben in ihrer Jugend eine schöne Frau umgebracht. Nach Jahrzehnten nimmt die Tote gespenstische Rache. **(ca. 105 Min.)**

Belmondo) ein Spitzel?

…miterleben. Der Münchner Scotia-…

Der Teufel mit der weißen Weste

23.40 **Melville-Krimi: Gangster plant tödliche Rache**

Maurice, gerade aus dem Zuchthaus entlassen, will einen Safe knacken. Als die Sache schiefgeht, glaubt er, Silien habe ihn verraten. Er plant tödliche Rache. **(ca. 92 Minuten)**

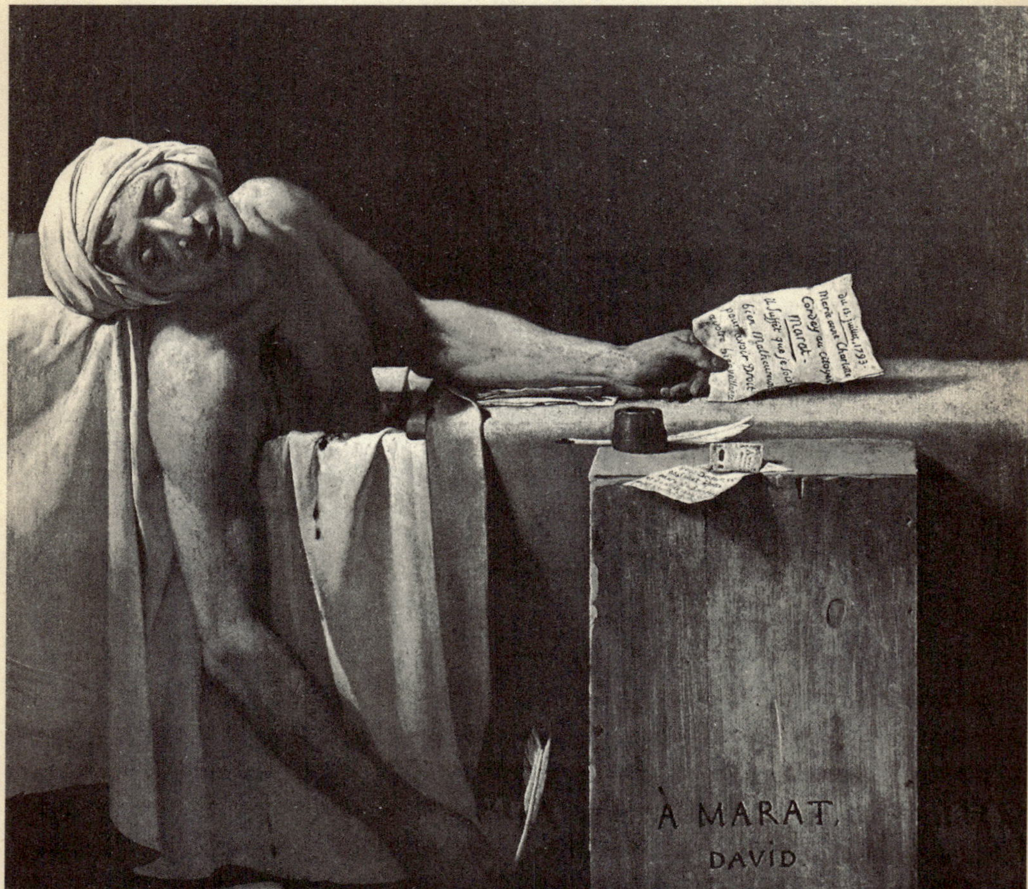

Jacques Louis David: Der ermordete Marat (1793)